国家社会科学基金（教育学科）"十一五"规划课题研究成果
全国高等职业院校汽车类专业规划教材

汽车涂装修复技术

吉庆山　主　编
张学敏　赵　辉　副主编

U0650597

中国铁道出版社
CHINA RAILWAY PUBLISHING HOUSE

内容简介

本书是国家社会科学基金（教育学科）"十一五"规划课题"以就业为导向的职业教育教学理论与实践研究"课题中"全国高等职业院校汽车类专业规划教材"之一。全书共分 5 个项目，通过对涂装表面准备、遮盖、调色方法、面漆喷涂、面漆处理等的阐述，向读者展示了汽车涂装修复的完整过程，提出了各主要步骤的技术要点和操作规范，以培养读者汽车涂装修复的能力。

本书按照教学实际需要，结合汽车涂装修复实践编写，内容实用，图文并茂。

本书适合作为高等职业院校汽车相关专业的教材，也可作为相关行业岗位培训教材或自学用书。

图书在版编目（CIP）数据

汽车涂装修复技术 / 吉庆山主编. —北京：中国
铁道出版社，2012.6
国家社会科学基金（教育学科）"十一五"规划课题
研究成果. 全国高等职业院校汽车类专业规划教材
ISBN 978-7-113-14827-0

Ⅰ. ①汽… Ⅱ. ①吉… Ⅲ. ①汽车－涂漆－高等职业
教育－教材 Ⅳ. ①U472.44

中国版本图书馆 CIP 数据核字（2012）第 120267 号

书　　名：	汽车涂装修复技术		
作　　者：	吉庆山　主编		
策　　划：	秦绪好　何红艳	读者热线：	400-668-0820
责任编辑：	祁　云　彭立辉		
编辑助理：	胡京平		
封面设计：	付　巍		
封面制作：	刘　颖		
责任印制：	李　佳		

出版发行：中国铁道出版社（100054，北京市西城区右安门西街 8 号）
网　　址：http://www.51eds.com
印　　刷：北京昌平百善印刷厂
版　　次：2012 年 6 月第 1 版　　　2012 年 6 月第 1 次印刷
开　　本：787mm×1092mm　　1/16　　印张：9　　字数：214 千
印　　数：1～3 000 册
书　　号：ISBN 978-7-113-14827-0
定　　价：21.00 元

在国家社会科学基金课题"以就业为导向的职业教育教学理论与实践研究"取得理论研究成果的基础上，选取了高等职业教育十个专业大类开展实践研究。高职高专汽车类是其中之一。

本课题研究发现，高等职业教育在专业教育上承担着帮助学生构建起专业理论知识体系、专业技术框架体系和相应职业活动逻辑体系的任务，而这三个体系的构建需要通过专业教材体系和专业教材内部结构得以实现。为此，这套高职高专汽车类专业系列教材的设计，依据不同教材在其构建理论知识、技术方法、职业活动三个体系中的作用，采用了不同的教材内部结构设计和编写体例。

承担专业理论知识体系构建任务的教材，强调了专业理论知识体系的完整与系统，不强调专业理论知识的深度和难度；追求的是学生对专业理论知识整体框架的把握和应用，不追求学生只掌握某些局部内容，而求其深度和难度。

承担专业技术框架体系构建任务的教材，注重让学生了解这种技术的产生与演变过程，培养学生的技术创新意识；注重让学生把握这种技术的整体框架，培养学生对新技术的学习能力；注重让学生在技术应用过程中掌握这种技术的操作，培养学生的技术应用能力；注重让学生区别同种用途的其他技术的特点，培养学生职业活动过程中的技术比较与选择能力。

承担职业活动体系构建任务的教材，依据不同职业活动对所从事人职业特质的要求，分别采用了过程驱动、情景驱动、效果驱动的方式，形成了做学合一的各种教材结构与体例，诸如项目结构、案例结构等。过程驱动培养所从事人的程序逻辑思维；情景驱动培养所从事人的情景敏感特质；效果驱动培养所从事人的发散思维。

本套教材无论从课程标准的开发、教材体系的建立、教材内容的筛选、教材结构的设计还是到教材素材的选择，都得到了汽车行业专家的大力支持，他们针对职业资格标准和各类技术在我国应用的广泛程度，提出了十分有益的建议；倾注了国内知名职业教育专家和全国多所高职高专院校汽车类专业一线老师的心血，他们对高职高专汽车类专业培养的人才类型提出了可贵意见，对高职高专汽车类专业教学提供了丰富的素材和鲜活的教学经验。

这套教材是我国高职高专教育近年来从只注重学生单一职业活动逻辑体系构建，向专业理论知识体系、技术框架体系和职业活动逻辑体系三个体系构建转变的有益尝试，也是国家社会科学研究基金课题"以就业为导向的职业教育教学理论与实践研究"研究成果的具体应用之一。

如本套教材有不足之处，敬请各位专家、老师和广大同学不吝赐教。希望通过本套教材的出版，为我国高等职业教育和汽车产业的发展做出贡献。

2009 年 12 月

前　言

近年来，我国汽车保有量增长很快，事故汽车维修量也随之增加，事故汽车维修岗位人才的需求量逐步增大。为满足新形势下对汽车车身修复技术人才培养的需求，我们组织了相关院校从事车身修复教学的专业教师和维修一线的知名专家，共同编写完成本书。

本书的主要内容包括：涂装表面准备、遮盖、调色、喷涂和喷涂表面缺陷处理等。

在本书的编写过程中，我们力求做到：

• 以"教学做合一"思想为指导（理论与实践一体化），针对高职学生的特点，引导做中学，学中做，边学边做，学知识，学技能，学经验，学敬业精神，学严谨踏实的工作作风。

• 从汽车涂装修复的实际出发，反映岗位技能的要求。

本书图文并茂，理论知识表述简洁明了，便于理解，引入典型的实际修复案例，利用详细的维修操作过程，使教学更直观，更形象；提高学生的学习兴趣，达到好教、好学的目的。

本书由吉庆山任主编，张学敏、赵辉任副主编，其中项目一由张学敏编写，项目二由赵辉编写完成，项目三由李川编写，项目四由吉庆山编写，项目五由马建伟编写。

本书在编写过程中参阅了大量的文献、资料，在此，对这些文献、资料的作者表示诚挚的感谢！另外，特别感谢朱光谦、盛鹏程、韩春刚等老师在本书编写过程中所提供的帮助。

由于时间仓促，编者水平有限，书中错误、不当之处在所难免，敬请读者批评指正。

编　者
2012 年 4 月

目 录

项目 1　涂装表面准备

引言

不进行合理的准备工作就开始表面喷涂是不明智的。因为这样做，不但无法避免喷涂质量受影响，顾客不满意，而且经常会导致不得不从头开始，造成经济损失，成本增加。好的开始可以节省材料和时间，并获得较高质量的喷涂效果。

需要进行喷涂的车身喷涂表面有经过处理的表面和裸露的金属表面两种。

即使原来表面状态依然良好，也应该清洗干净已失去了光泽的涂层，然后进行轻度的打磨或磨光，消除所有的缺陷。如果涂层的表面状况不佳，就应该磨掉所有涂层，暴露出金属表面。这才能获得良好的工作基础。

表面准备工序包括：

① 被损坏的车身钣金件的表面处理工序，如图 1-1 所示。

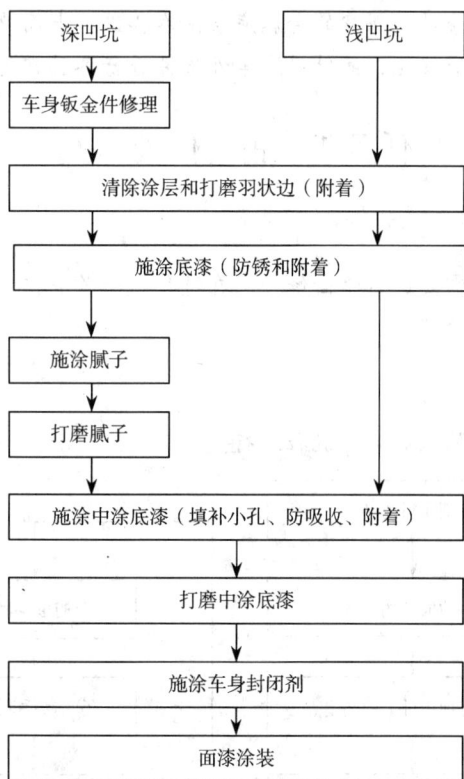

图 1-1　被损坏的车身钣金件的表面处理工序

② 被更换的车身钣金件的表面处理工序，如图 1-2 所示。

打磨表面（附着）

↓

施涂中涂底漆（填补小孔、防吸收、附着）

↓

打磨中涂底漆

↓

施涂车身封闭剂

↓

面漆涂装

图 1-2 被更换的车身钣金件的表面处理工序

学习目标

- 明确涂装表面准备的目的。
- 能够叙述涂装表面准备的程序。
- 明确涂装表面准备中的安全防护措施。
- 掌握三种清除损坏涂层的方法。
- 能完成一辆漆面受损车辆的涂装前准备工作。
- 能正确处理好现有的涂层和裸露的金属底层，准备进行表面喷涂。
- 掌握腻子的刮涂和打磨技能，能针对汽车外板件进行各种常见表面的腻子作业。

任务 1 底 材 处 理

任务描述

一辆漆面受损的汽车，需要进行漆面修补。在进行腻子作业前，根据损伤情况，按照操作规范对损伤的作业表面进行处理。

任务分析

本任务按如图 1-3 所示的底材处理流程进行。

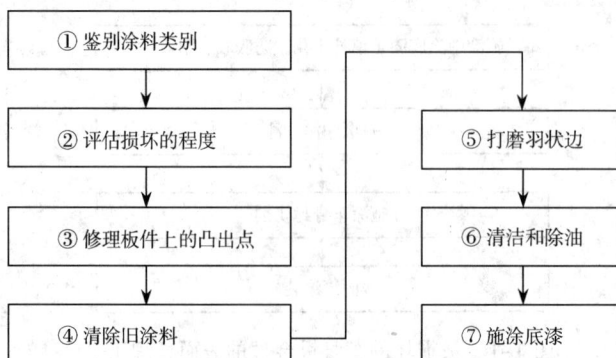

① 鉴别涂料类别

↓

② 评估损坏的程度   ⑤ 打磨羽状边

↓   ↓

③ 修理板件上的凸出点   ⑥ 清洁和除油

↓   ↓

④ 清除旧涂料   ⑦ 施涂底漆

图 1-3 底材处理流程

相关知识

1．表面处理的目的

表面处理是翻修被损坏的或被更换的车身钣金件，以便为表面涂装提供适当底基的所有作业的总称。

一旦喷涂了面漆，底材就会掩盖在面漆之下，因此喷涂面漆后观察，不会立即显露出表面准备的好坏，但是表面准备对修补涂装的质量有很大影响。老化或质量差的表面准备工作会导致漆膜剥落或失去光泽。下面列出表面准备对涂层质量的作用，如图1-4所示。

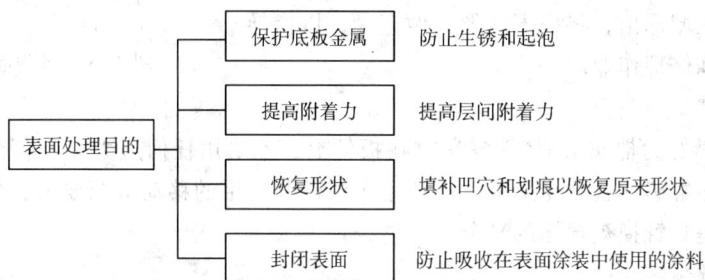

```
                    ┌── 保护底板金属      防止生锈和起泡
                    │
                    ├── 提高附着力        提高层间附着力
  表面处理目的 ──────┤
                    ├── 恢复形状          填补凹穴和划痕以恢复原来形状
                    │
                    └── 封闭表面          防止吸收在表面涂装中使用的涂料
```

图1-4 表面处理的目的

2．表面处理材料

表面处理材料的种类如图1-5所示。一般来说，这些材料是根据金属底板的种类和条件组合的。

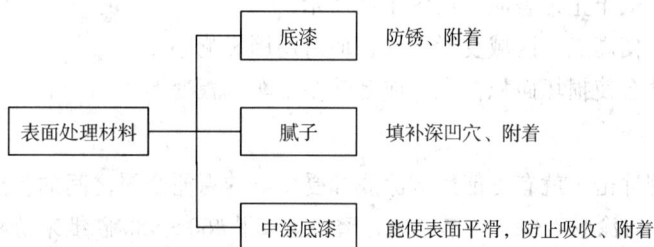

```
                    ┌── 底漆            防锈、附着
                    │
  表面处理材料 ──────┼── 腻子            填补深凹穴、附着
                    │
                    └── 中涂底漆        能使表面平滑，防止吸收、附着
```

图1-5 表面处理的材料种类和作用

任务实施

1．鉴别涂料类别

如果没有正确鉴别涂膜，那么在施涂面漆时会出现严重的问题。例如，准备修理的车身钣金件以前是用硝基漆修理的，那么在中涂底漆或面漆中所含有的稀释剂就会透入以前施涂的硝基漆，会导致涂装了的表面产生皱纹（收缩）。为了防止发生此类问题，在处理底材时必须正确鉴别涂料的类型。

一般来说，当棉纱浸入硝基稀释剂，并且在涂装表面上摩擦时，擦不掉的涂料便是烘烤型或聚氨甲酸酯型，而可擦到布上的涂料则是硝基型。

2．评估损坏的程度

用目测和触摸的方法评估损坏的程度，然后确定维修方法，计划维修步骤。

（1）目测评估

观察光线在面板上的反射，以评估损坏的程度及受影响的面积大小，如图 1-6 所示。在这个阶段对损坏区域进行彻底检查是极为重要的。

当板件上的漆面完整时，只要每次稍改变相对于面板的位置，那么即使非常微小的变形也可以看到。

一旦开始了钣金工作，由于敲打和打磨等作业，漆面被打磨掉或者被破坏，正确评估损坏将变得困难。所以，在漆面相对完好时，最好彻底、准确地检查整个板件的变形情况，将损害区域标出，将损害的形式做记录，以指导损坏情况的评估和修理作业。

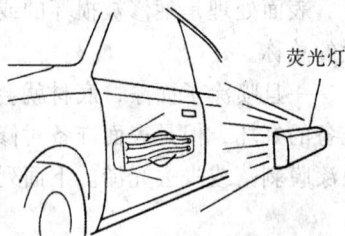

图 1-6 目测面板损伤程度

（2）触摸评估

戴上手套（最好为棉质），将手掌平放在板件上，不要用任何压力，从各个方向触摸受损坏的区域。为了能准确地找到受影响区域的不平整部分，手的移动范围要大，要包括没有被损坏的区域，而不是只触摸被损坏的部分。

（3）用直尺评估

将一把直尺放在车身另一边没有被损坏的区域上，并且检查车身板和直尺之间的间隙。然后，将直尺放在被损坏的车身钣金件上，比较两边的间隙差异，以此评估板件的损坏情况。

3. 修理车身板上的凸出部分

如果在评估损坏程度时发现，表面有一部分高于原始表面，用一个冲子或鸭嘴锤将隆起的区域敲平，或者稍稍低于正常表面，如图 1-7 所示。

注意要轻敲，只使高点小区域变形下降，而对周围影响小。

如果用力过大，会使损坏面积扩大，或者使整个车身板变形。

4. 清除涂料

一旦某区域受到冲击，就有可能影响涂膜和受影响的裸露金属之间的黏附力。因此，必须清除涂膜，以防止日后涂膜剥落。在单作用打磨机上安装#60～#80砂纸来清除被损坏区域的涂膜，如图 1-8 所示。

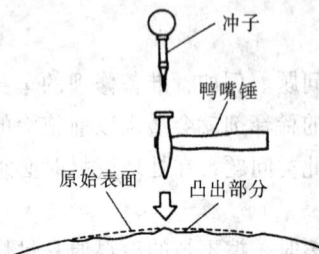

图 1-7 修理凸出部分

图 1-8 用单作用打磨机清除涂料

注意：

① 一定要在接触到板件表面后才能开动打磨机。如果打磨机在接触板件表面以前在运转，

那么初始接触的区域会受到过大的压力，从而产生很深的划痕。

② 为了防止板材过热和变形，不要将打磨机停在一个位置过长时间。

5. 磨缘（打磨羽状边）

清除了涂膜的边缘是很厚的。为了产生一个宽的、平滑的边缘，以形成良好的过渡，便于腻子的刮涂打磨和面漆喷涂。可以对涂膜的边缘打磨，利用如表1-1所示的方法（称为磨缘）来形成一个平滑的斜坡。如果不进行这一工序，那么在施涂面漆以后，会出现一个鲜明的边界。

表 1-1 磨缘的正确方法

√ 好	× 不好
将整个打磨垫压在车身板上，或者提起一边，仅向板上标 A 的区域施压，然后沿边界线移动打磨机。边界线和打磨机之间的关系必须保持恒定。磨缘越光越平滑越好	如果提起打磨机，使之离开凹穴，并且移向涂装区，那么只能刨出涂料 这样做的结果是只扩大裸露金属区域，而不会产生较宽的磨缘

如果附近有特征线，要贴上胶带，以防止受到损坏，并防止在磨缘过程中扩大修理面积，如图1-9所示。

6. 清洁和除油

（1）清洁

用空气除尘枪将压缩空气吹到表面上，以从表面上除去灰尘和打磨下来的微粒。

（2）除油

将擦拭布浸入除油溶剂中，然后擦拭表面，以润湿该表面。当残油浮至表面时，用清洁的干布擦拭表面。如果在金属上留有任何残油，日后会引起涂料起泡或剥落。

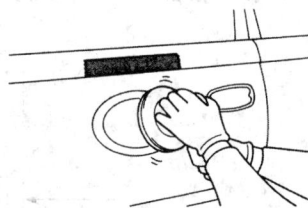

图 1-9 特征线附近的磨缘

7. 施涂底漆

要在裸露金属区域施涂底漆，以防其生锈和增加附着力。虽然底漆有单组分和双组分两种，但是一般使用双组分底漆。因为有些底漆不能很好地附着在腻子上，所以一定要按制造商的指示，正确施涂。

① 遮蔽有裸露金属区域的周围表面。

② 按制造商的指示，混合适当的固化剂和稀释剂。

③ 喷涂一薄层底漆。

④ 让涂层空气干燥大约 10 min。

⑤ 在喷涂以后除去遮蔽材料。

注意：

① 由于侵蚀底漆固化剂会与金属容器发生化学反应，从而影响其性能，建议使用塑料容器来混合侵蚀底漆。

② 一定要戴护目镜、防毒面具和抗溶剂手套。

③ 聚氨酯和环氧树脂底漆要求强制干燥。

综合评价（考核）

序号	能 力 点	掌握情况	序号	能 力 点	掌握情况
1	能鉴别旧涂层的涂料类别	□是　□否	5	能用砂轮机清除旧涂层	□是　□否
2	能通过光线检查损伤情况	□是　□否	6	能通过砂轮机打磨羽状边	□是　□否
3	能通过手触摸判断损伤状况	□是　□否	7	能进行清洁、除油和底漆施涂	□是　□否
4	能用直尺或模板判断损伤状况	□是　□否	8	正确的安全防护	□是　□否

任务 2　施 涂 腻 子

任务描述

一辆漆面受损的汽车，需要进行漆面修补。已完成底材处理，表面需要进行腻子作业。根据表面，按照操作规范对损伤的作业表面进行腻子作业。

任务分析

本任务按图 1-10 所示流程进行。

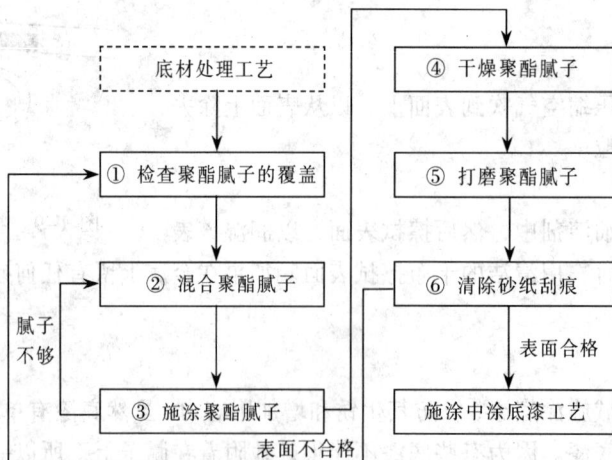

图 1-10　施涂腻子流程

相关知识

腻子是一种浆糊状底层材料，用于填充深坑，形成平滑的表面。

1．腻子类型

可供选用的腻子类型有：

（1）聚酯腻子

主要由不饱和聚酯树脂组成，属于双组分型腻子，使用有机过氧化物作为固化剂；种类繁多，依施工方法，制造商而不同。

（2）硝基腻子

这是一种单组分型腻子，主要由硝化棉和醇酸或丙稀酸树脂组成，主要用来填充中涂底漆后的刮痕、针孔或浅凹坑。

（3）环氧腻子

主要由环氧树脂组成，属于双组分型腻子，用胺作为固化剂。由于对各种基底材料有良好的防锈和附着力，环氧树脂腻子经常用于修理塑料零件。就弯曲、成形和打磨性能来讲这种材料不如聚酯腻子。

腻子按应用范围大体分类如表1-2所示。

表1-2　腻子的应用范围和操作方法　　　　　　　　　　单位：mm

类　型		应用范围和特性	可一次刮涂最大厚度	最大涂层厚度限制
聚酯腻子	厚型	刮涂厚层，有良好的成形性和附着性。另一方面，在刮灰刀下的延展性能不足，纹路粗糙，有许多针孔。现在广泛采用与轻质材料混合的轻质腻子。	10	10～20
	中型	具有厚型和薄型的特点，轻质型含有轻质材料，也可直接作为中涂底漆涂装。在某种程度上，可刮涂厚层，纹路光滑，打磨性好	5	5～10
	薄型	用于填充小坑，和最后一道腻子，纹路精细，刮刀伸展性好，不易形成针孔	2～3	3～5
硝基腻子		用于填充中涂底漆后的打磨痕迹和针孔。属于单组分，干得快，易于使用 如果涂得很厚，则干得慢并且缩皱，降低性能	0.1	0.1～0.2
环氧树脂腻子		广泛地用于修理塑料件，对各种类型材料如金属和树脂有良好的附着力，并且有点柔软性	2	5～10

2．使用腻子的注意事项

（1）调配腻子（主要成分）和固化剂

一般来说，腻子、溶剂、树脂和颜料在罐内会分开，颜料会沉在底部。如果在这种状态使用腻子，涂层的强度会下降，将导致起泡和开裂，因此腻子每天至少完全混合一次。管中的固化剂也是这样，管中的固化剂成分有可能分离，在使用固化剂之前，挤压固化剂管多次，以便成分混合好。

（2）腻子体积的收缩

用于修补涂装的聚酯腻子的主要成分是不饱和聚酯树脂，在发生固化反应时，分子之间的距离减小，导致腻子体积收缩。此外，聚酯腻子中所含的稀释剂（苯乙烯单体）蒸发，也会导致体积收缩。程度随不饱和聚酯树脂类型和苯乙烯的浓度而不同。可是，一般来说可刮涂厚层的类型收缩率较低。因为其中含大量类似体质颜料的物质。聚酯腻子含有聚酯越多，纹理越细，收缩率高，因为其含有较少的体质颜料和较多的聚酯树脂和苯乙烯单体。因此，施漆腻子时，应提前考虑收缩问题。

（3）强制腻子干燥

如果温度突然升高，在刮涂腻子立即强迫腻子干燥，固化剂中的成分将分解，将不会使腻子完全固化。此外，突然加热会加剧腻子产生内应力，导致腻子产生应力，降低附着力。在强迫腻子干燥之前，首先必须使腻子不再发黏。在腻子反应时限过后，可以在50~60℃的温度环境下强迫干燥（详细内容遵循腻子生产厂家的说明）。

任务实施

1．检查聚酯腻子的覆盖面积

根据损伤面积的大小、深浅，以及腻子刮涂的遍数，确定准备多少聚酯腻子。但是，此时不能接触有关区域，以防在有关部位沾上油迹。

2．混合聚酯腻子

（1）取出腻子

腻子装在罐中的时候，其各种成分，如溶剂、树脂及颜料会分离。由于腻子不可以以这种分离的形态使用，故在倒出罐子以前，必须彻底混合。装在胶管中的固化剂也是如此。充分挤压装固化剂的胶管，使管中的固化剂在使用以前充分混合。

注意：

① 腻子罐每次用后必须盖好，以防溶剂蒸发。

② 如果溶剂蒸发了，腻子固化了，要向罐中倒入专用的溶剂。

将适量的腻子基料放在混合板上，然后按规定的混合比例添加一定量的固化剂。即使要覆盖很大的面积，一次也不要拿太多的腻子。开始时只要拿出一个鸡蛋大小分量的腻子，如果需要，再添加，如图1-11所示。

注意：

① 在取出腻子以后，不要在罐口刮除粘在混合棒上的腻子。所有粘在罐口的腻子最后都会固化，并跌入罐内。

② 如果有腻子粘在固化剂管口上，就会发生化学反应，引起固化剂固化。因此，不要将固化剂直接挤到腻子基料上。

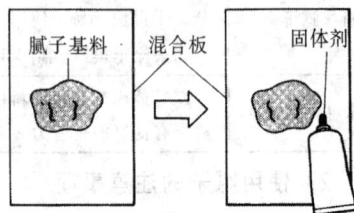

图1-11　取出腻子和固化剂

③ 取出腻子前，要用棍充分搅拌，以使各种成分混合均匀。取出腻子后，应及时盖上盖，以防止灰尘杂物或水分进入。

④ 取出固化剂前，应用手捏胶管，以使固化剂各种成分充分混合。

（2）混合聚酯腻子

使用刮刀，小心刮研混合物，不要让空气进入。

① 取腻子和固化剂到面板上。

② 使用刮刀的尖端舀起固化剂，并将它放在腻子上，如图 1-12 所示。

③ 使用刮刀的尖端，将固化剂均匀地散布在腻子基料的整个表面上，如图 1-13 所示。

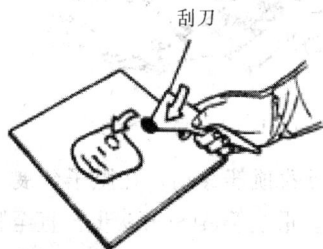

图 1-12　舀起固化剂，放到腻子上

图 1-13　均匀散布固化剂到腻子整个表面

④ 抓住刮刀，轻轻提起其端头，再将其插入腻子下面，然后将其向混合板的左测提起，如图 1-14 所示。

⑤ 在刮刀舀起大约 1/3 腻子以后，利用刮刀右边为支点，将刮刀翻转，如图 1-15 所示。

图 1-14　铲起腻子

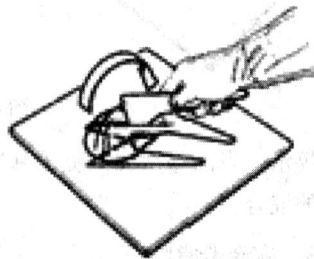

图 1-15　翻转刮刀

⑥ 将刮刀基本上与混合板持平，并将其向下压。一定要将刮刀在混合板上刮削，不要让腻子留在刮刀上，如图 1-16 所示。

⑦ 拿住刮刀，稍稍提起其端头，并且将在第⑥步中在混合板上混合的腻子全部舀起，如图 1-17 所示。

图 1-16　刮压腻子

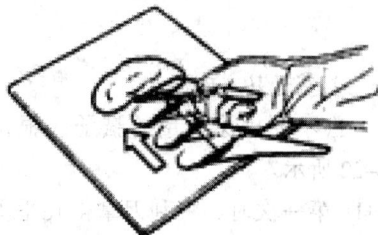

图 1-17　舀起腻子

⑧ 将腻子翻转，翻的方向与第⑤步中的相反，如图 1-18 所示。

⑨ 与第⑥步相似，将刮刀基本上与混合板持平，并将它向下压，从第④步起重复，如图 1-19 所示。

图 1-18　再翻转腻子

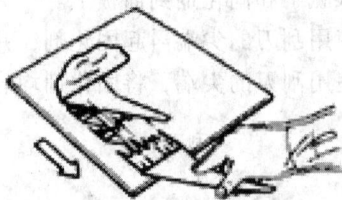

图 1-19　刮压腻子

⑩ 在进行第④～第⑨各步骤时，腻子往往向上朝混合板的顶部移动。在腻子延展至混合板的边缘时，舀起全部腻子，并且将其向混合板的底部翻转。重复第④～第⑨步，直至腻子充分混合，如图 1-20 所示。

图 1-20　继续刮压、翻转，最后完成

提示：当固化剂加入腻子基料时，固化过程便开始了。因此，要在大约 30 s 的时间内完成腻子的混合。

3．施涂聚酯腻子

（1）如何拿刮刀

虽然拿刮刀的方法没有特别规定，但是图 1-21 所示为用右手的人控制刮刀的有效方法。

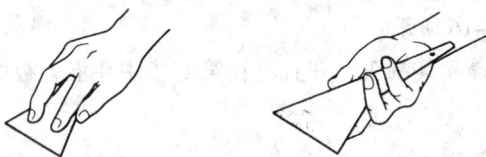

图 1-21　刮刀握法

（2）腻子基本施涂法

一次不要施涂大量的腻子。根据要施涂面积的位置和形状，腻子最好分几次施涂，如图 1-22 所示。

① 第一次时，将刮刀拿得几乎垂直，并且将腻子刮在工件表面上，施涂一薄层，以确保腻子透入最小的划痕和针孔，从而增大附着力。

② 第二次和第三次，将刮刀倾斜 35°～45°，腻子施涂的量要略多于所需要的量。在每一次施涂以后，都要逐步扩大腻子施涂的面积。在边缘上一定要涂得薄，形成斜坡，不要产生厚边。

③ 在最后一次施涂时，刮刀要拿得与工件表面基本持平，使表面平整。

当将腻子留在刮刀上时，只能用刮刀的中间部分，如图 1-23 所示。如果刮刀的整个宽度范围全都用来刮腻子，那么腻子在施涂的过程中就会慢慢漏出，沿途产生台阶（刮刀印）。

图 1-22　腻子施涂方法

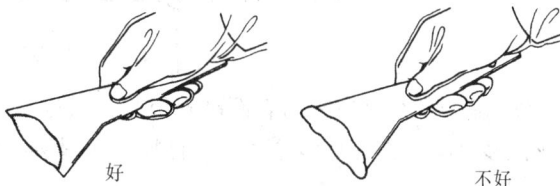

图 1-23　刮刀上腻子分布

（3）向平面施涂腻子

① 将腻子薄薄地施涂在整个表面上，如图 1-24 所示。

② 为了最大限度地减少在后续打磨工序中所要求的用力，施涂第二层腻子时边缘不要太厚。如果刮刀处于图 1-25 所示的位置，用食指向刮刀的顶部施力，以便在顶部涂一薄层。

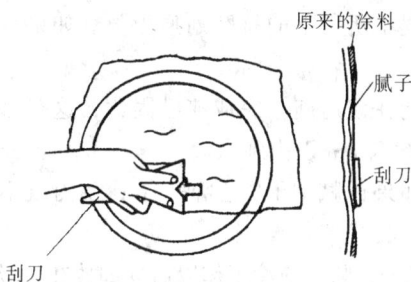

图 1-24　用力的整面施涂一薄层腻子

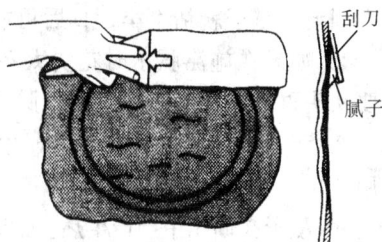

图 1-25　边缘要薄

③ 在下一道施涂腻子时，要与在第②步中覆盖的第一部分稍稍重叠。为了在这一道开始时涂一薄层，要用一点力将刮刀抵压在工件表面上。然后，释放压力，同时滑动刮刀。此外，在施涂结束时，要向刮刀施一点力，以便涂一薄层，如图 1-26 所示。

④ 重复第③步，直至在整个表面上施涂的腻子达到所要求的分量，如图 1-27 所示。

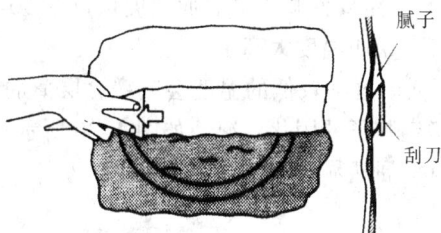

图 1-26　两道之间的连接

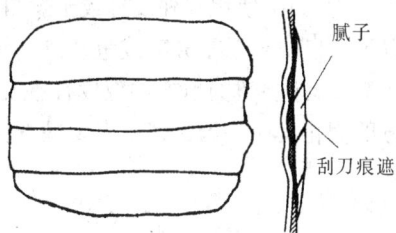

图 1-27　整面完成

（4）提示

① 如果刮刀在各道施涂中仅向一个方向移动，那么腻子高点的中心将会移动。如果发生这种情况就很难打磨，所以刮刀在最后一道中必须反向移动，以使腻子高点移回中央，如图 1-28 所示。

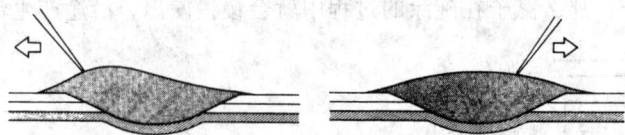

图 1-28　刮刀的移动方向

② 腻子必须比原来的表面高。但是，最好只略微高一点，如果太高了，在打磨过程中就要花许多时间和力气来消除多余的材料，如图 1-29 所示。

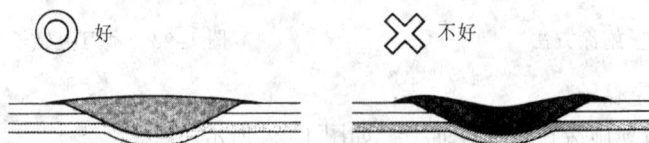

图 1-29　腻子的高度

注意：

① 腻子施涂在工件表面上的范围必须以在磨缘过程中所留下的打磨划痕为限。如果没有打磨划痕，腻子就粘不牢，日后可能剥落。

② 如果在施涂腻子时花费太多时间，那么腻子可能在该道施涂完成前已固化，这时可能需要从头再来一次。一般来说，腻子必须在混合以后大约 3 min 以内施涂。

③ 刮刀在使用以后，要立即用清洗稀释剂冲洗。如果任腻子干固在刮刀上，刮刀就不能再用了。

④ 腻子在固化中会产生热。如果遗留在混合板上的腻子在腻子施涂工作以后立即放在垃圾筒里，那么腻子产生的热可能足以点燃易燃物品。因此，一定要确认腻子已经凉透，才能将其弃置。

4．干燥聚酯腻子

新施涂的腻子会由于其自己的反应热而变热，从而加速固化反应。一般来说，在施涂以后 20～30 min 即可打磨。如果气温低或湿度高，腻子的内部反应速度降低，从而要较长时间来使腻子固化。为了加快固化，可以加热，例如红外线灯或干燥机的加热。

注意：

① 如果使用红外线灯或干燥机来加热和干燥腻子，一定要使腻子的表面温度保持在 50 ℃以下，以防止腻子分离或龟裂。如果表面热得不能触摸，说明温度太高了。

② 涂层薄的地方的温度往往比涂层厚的地方温度低。这种较低的温度会减缓涂层薄的地方的固化反应。因此，一定要检查涂层薄的部分，以确定腻子的固化状况，如图 1-30 所示。

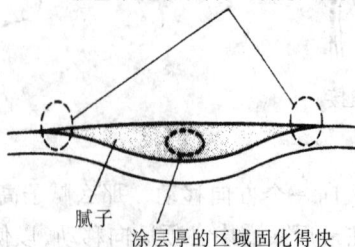

检查涂层薄的部分以确定固化状况

腻子

涂层厚的区域固化得快

图 1-30　检查涂层薄的部分以确定固化状况

5．打磨聚酯腻子

在腻子固化反应结束以后，不需要的高点可以用打磨机或手工打磨垫块清除。轨道式打磨机最常用于腻子打磨。

①　将一块大约 80# 砂纸装到打磨机上，并且将打磨机按前后、左右、对角的方式移动，打磨整个表面。

注意：

- 在腻子的固化反应结束，其表面温度降至室温以后，打磨工作便可开始。如果腻子还没有凉透就开始打磨，则会产生收缩皱纹。
- 为了防止在周围的涂料中产生深的划痕，要将打磨工作限制在腻子覆盖的区域以内。
- 不要一次打磨整个面积，而是要用手触摸，或者是用直尺仔细检查整个表面。
- 如果打磨用力全部集中在高点上，周围区域的形状就会发生变化。因此，最好在每次涂了几道以后打磨整个表面。

②　将一片大约 120# 砂纸装到手工打磨垫块上。用触摸的方法检查表面，同时仔细打磨表面。在本阶段要完成工件表面的基本形状。

③　将一片大约 120# 砂纸装到手工打磨垫块上。在这个阶段，第一次可以轻轻打磨腻子区以外的地方，以调整腻子和周边区域的高度偏差。

注意：

在试图调整腻子和周边区域的偏差时，可能会产生划痕。

6．清除砂纸划痕

将大约 300# 砂纸装到手工打磨垫块上，清除表面上的打磨划痕。

注意：

①　打磨的面积要略大于前次打磨的面积，以清除 200# 砂纸留下的打磨划痕。

②　腻子的周边应有轻微的磨缘。

提示：

①　彻底清洁：当打磨微粒沾到砂纸上时，要清除微粒，以保持最佳的打磨状况。

②　重复检查：时时检查表面状况。

7．检查后补充施涂腻子

如果腻子表面打磨过度，以致低于正常表面，就必须重新施涂腻子，然后进行干燥和打磨。

（1）清洁和除油

使用空气除尘枪，吹压缩空气，以从腻子表面除去灰尘和打磨微粒。如果空气除尘枪放得离腻子表面很近，可以彻底吹掉任何碎屑和灰尘，因此可以确保清除（腻子表面的）针孔和其他缝隙中的打磨微粒，进行正常的除油工序，如图 1-31 所示。

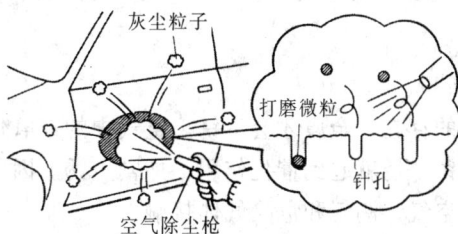

图 1-31　用空气除尘枪除尘

（2）重新施涂聚酯腻子

施涂一薄层，以均匀地覆盖整个腻子表面，因为如果只填低点，那么正常的表面将会在打磨中被损坏，如图 1-32 所示。

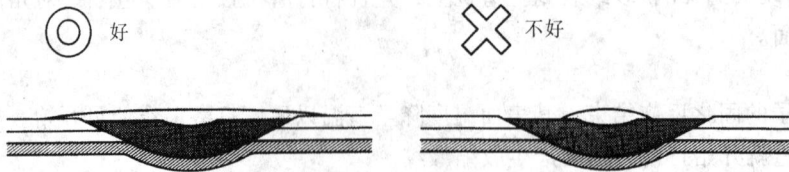

图 1-32　均匀施涂一薄层覆盖整个腻子表面

综合评价（考核）

序号	能　力　点	掌握情况	序号	能　力　点	掌握情况
1	正确估计腻子用量	□是　□否	5	干燥腻子	□是　□否
2	正确取腻子和固化剂	□是　□否	6	打磨腻子	□是　□否
3	正确混合腻子和固化剂	□是　□否	7	清除腻子划痕	□是　□否
4	刮涂腻子方法	□是　□否	8	检查打磨表面	□是　□否

任务 3　复杂表面施涂腻子

任务描述

一辆漆面受损的汽车，需要进行漆面修补。在进行腻子作业前，根据损伤情况，按照操作规范对损伤的作业表面进行处理。

任务分析

复杂表面腻子成形工艺所用的基本设备，操作方法和注意事项与平面部位所用的一样，但需要注意和平面腻子操作的不同点。

相关知识

所有类型的涂料都有防止薄钢板生锈的功能，但每种涂料的防锈功能不一样，普通涂料不能完全防止薄钢板生锈。这是因为湿气和空气最终会穿透涂层，与薄钢板相接触。那么薄钢板一旦生锈，涂层就会依次遭到损坏，失去保护功能使钢板生锈更快。由于以上原因，喷涂一种油漆使钢板具有防腐性能是非常重要的。进一步讲无论选择哪种涂层，薄钢板首先必须涂底漆。

1. 锈的产生过程和预防

需要有空气（氧）和水的存在，金属才会生锈。空气中的二氧化碳、气状硫酸、气状硝酸也加速生锈。一旦薄钢板生锈，锈就起到催化作用，加剧生锈。因此，要防止生锈，必须用物理和化学方法阻止薄钢板与空气、潮气和危险气体接触。

现在所用的底漆主要是从物理上将薄钢板与空气和潮气隔离，以防止生锈。底漆的化学功能起到辅助作用。

2. 底漆类型

可供选用的底漆类型如下：

（1）侵蚀底漆

其主要组分为聚乙烯醇缩丁醛树脂和防锈的铬酸锌颜料，固化剂主要由磷酸组成。这种底漆直接涂在裸金属上，在裸金属表面上形成化学膜，改善基底材料的防锈能力，提高随后涂层的附着力。虽然可以使用单组分型，但双组分型的防锈和附着性能较好。

侵蚀底漆是一种特殊类型的底漆，可以提高随后涂层的附着力，并可以暂时防止金属生锈。这样，它的作用与普通底漆稍有不同，普通底漆的主要功能是防锈。

金属表面喷涂一薄层侵蚀底漆后，其中的氯化铬和磷酸发生反应，产生开链化合物，这样在金属表面上形成有防锈能力的无机膜。此外，酯类树脂与磷酸铬化合物反应并化合。这样侵蚀底漆形成一层致密的防锈膜，对金属表面附着极好。侵蚀底漆也可用做铝和铝合金的防锈处理。

有两种类型侵蚀底漆：单组分型和双组分型。双组分型分成树脂部分和酸部分，在使用前调合。一般来说，如果调合好的底漆涂料存放 6～8 h（随制造厂变化），附着性能会变坏。因此，最好只调合好所需要的数量并在推荐的时间内使用。虽然单组分型省掉调合的麻烦，但性能要低于双组分型。

使用侵蚀底漆注意事项：

① 在涂装侵蚀底漆之前一定从金属表面完全除掉任何油和锈，尤其是表面的油更为重要。

② 喷涂薄而均匀的涂层。

③ 如果已喷涂侵蚀底漆的表面暴露时间过长，将会生锈，因此尽可能快地喷涂下一层。

④ 湿度较大的空气会使涂层褪色，会影响涂层的附着力。

⑤ 调合侵蚀底漆时，要使用干净的容器但不要使用金属容器，因为底漆将与容器发生化学反应，这会减小涂层对薄钢板的附着力。

⑥ 喷涂时才可以将侵蚀底漆倒入枪壶中，因为喷枪是由金属制成。

⑦ 喷涂底漆后，立即将涂料倒入非金属容器中，并仔细清洗喷枪。

（2）硝基底漆

硝基底漆主要由硝化棉和醇酸树脂组成，硝基漆干燥快，易于使用，但防锈和附着力不如双组分型底漆强。

（3）聚氨酯底漆

聚氨酯底漆主要由醇酸树脂组成，为双组分型底漆，用聚异氰酸脂作为固化剂，这种底漆防锈和附着力好。

（4）环氧树脂底漆

环氧树脂底漆主要由环氧树脂组成，为双组分型底漆，用胺作为固化剂，这种底漆防锈和附着力很好。

3．不同底漆综合性能对比

不同底漆综合性能对比，如表 1-3 所示。

表 1-3 底漆的综合性能对比

性能＼类型	侵蚀底漆	硝基底漆	聚胺脂底漆	环氧树脂底漆
防锈	△	△	◎	◎
附着力	◎	◎	○	◎
固化	◎	◎	○	△

◎：极好   ○：好   △：不好

任务实施

1．复杂表面腻子刮涂

（1）在曲面（圆形）上刮涂腻子

使用软橡胶刮刀可以容易地刮涂圆形和顶角部位，如图 1-33 所示。

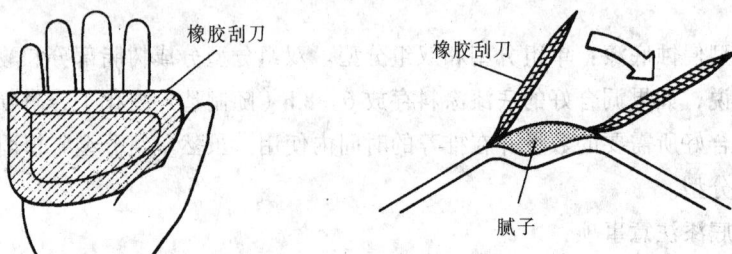

图 1-33 橡胶刮刀的使用

（2）沿分形线刮涂腻子

分形线就是汽车板件上相当突出的线形部分，下面的方法会产生好的效果，如图 1-34 所示。

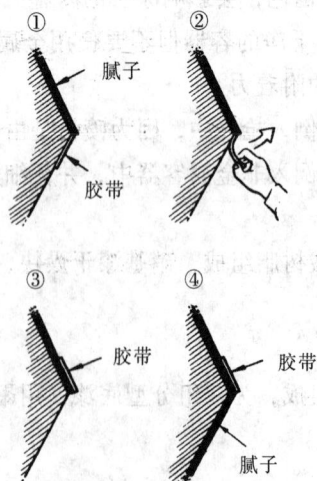

图 1-34 分形线的刮涂

① 沿分形线贴上胶带，只在一面刮涂腻子。

② 在步骤①刮涂的腻子半干后,去除胶带。

③ 将胶带沿分形线贴在步骤①刮涂的腻子上。

④ 在对面部位刮涂腻子。最后等腻子半干后撕下胶带。

（3）在复杂表面 I（车门）上刮涂腻子

使用橡胶刮刀和胶带刮涂实际车门板的方法如下:

由于涉及复杂表面,一次刮涂完腻子是不可能的,将刮涂分为两次进行,将胶带沿分形线粘贴,进行第一次施工。

① 使劲压住刮刀,在拟刮涂部位刮涂腻子。刮涂适量的腻子,如图 1-35 所示。

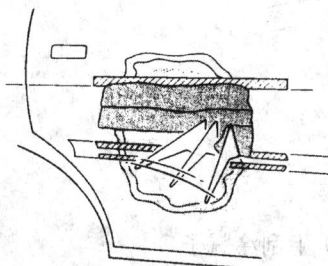

图 1-35　刮涂中间部分

② 展平腻子,同时注意与相邻的原车漆膜相连接,也不要有刮痕,如图 1-36 所示。

③ 腻子半干时,撕下胶带,如图 1-37 所示。

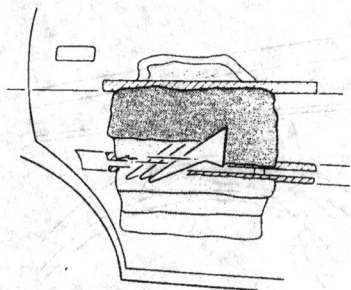

图 1-36　展平中间部分腻子

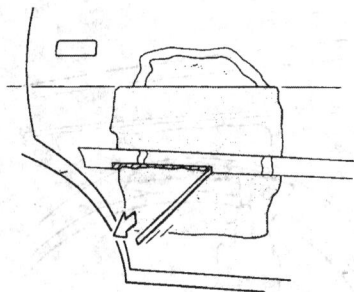

图 1-37　撕下胶带

④ 先刮涂的腻子干燥后,沿分形线粘贴胶带,进行第二次施工,如图 1-38 所示。

⑤ 使劲压住刮刀,刮涂腻子,如图 1-39 所示。

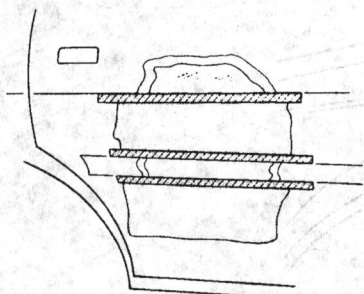

图 1-38　第二次粘贴胶带

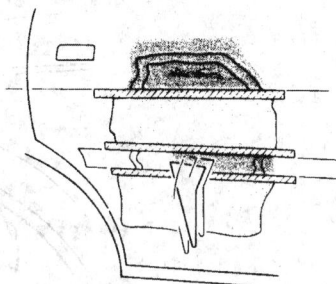

图 1-39　刮涂剩余部分的腻子

⑥ 展平，注意与相邻的原车漆膜相连接，也不要有刮痕，如图 1-40 所示。

⑦ 腻子半干时，撕下胶带，如图 1-41 所示。

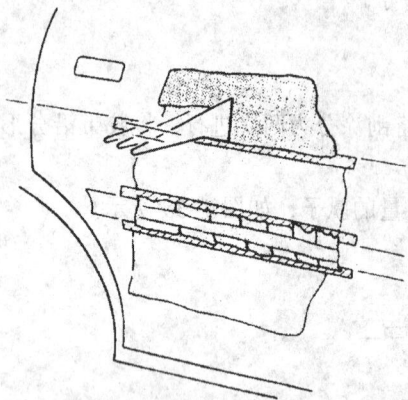

图 1-40 展平腻子

图 1-41 撕下胶带

（4）在复杂表面 II（翼子板）上刮涂腻子

① 在圆形 R 部分刮涂腻子：

- 使劲压住刮刀在整个部位刮涂腻子，在圆形部位的顶部刮涂适当的腻子，如图 1-42 所示。
- 从一端起将腻子展平，如图 1-43 所示。

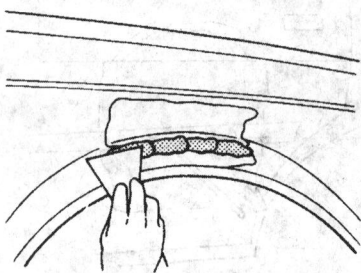

图 1-42 圆形部分顶部刮涂腻子

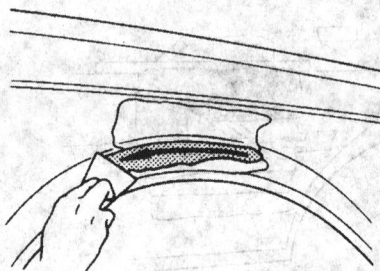

图 1-43 展平腻子

- 在圆形部位底面刮涂适当的腻子，如图 1-44 所示。

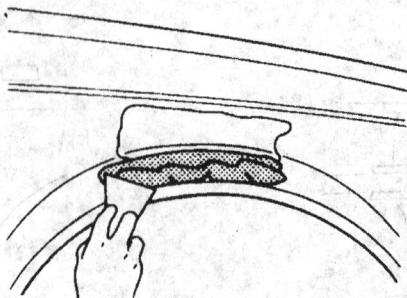

图 1-44 圆形部分底面刮涂腻子

- 为减少先前刮涂腻子的步骤，从原来腻子的边缘展平腻子，如图 1-45 所示。

② 在分形部位刮涂腻子：

- 刮涂适量的腻子，如图 1-46 所示。

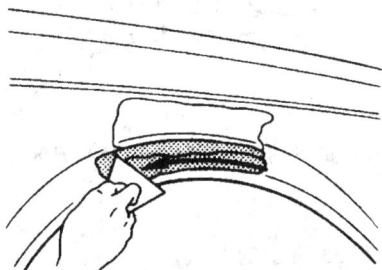

图 1-45 从原来腻子边缘整平

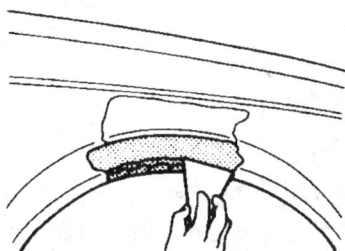

图 1-46 分形部位刮涂腻子

- 逐渐向下拉动刮刀，否则会产生大的刮痕，如图 1-47 所示。
- 同样，反方向刮涂腻子，如图 1-48 所示。

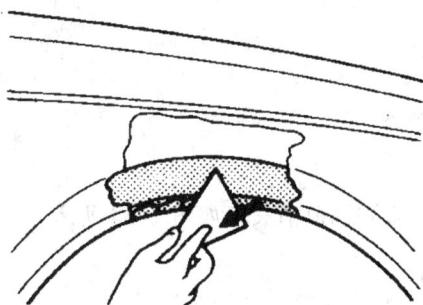

图 1-47 向下拉动刮刀

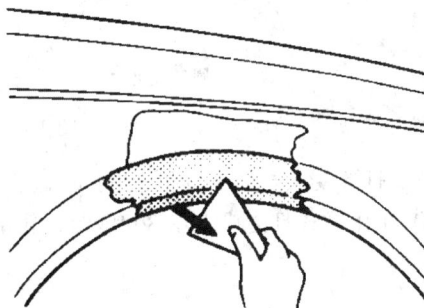

图 1-48 反方向刮涂腻子

③ 刮涂平面部位的腻子：

- 刮涂适量的腻子，如图 1-49 所示。
- 展平刮涂的腻子，如图 1-50 所示。

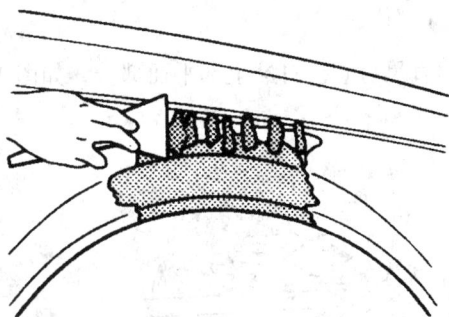

图 1-49 平面部分刮涂腻子

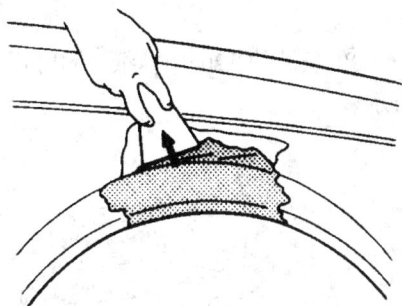

图 1-50 展平腻子

- 拉动刮刀使表面平滑，如图 1-51 所示。注意不要让刮刀触到先前刮涂的腻子（下边）。
- 当刮涂倒置的 R 部位时，使用角度适合的橡胶刮刀的圆形部位，如图 1-52 所示。

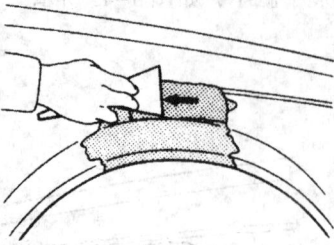

图 1-51　拉动刮刀

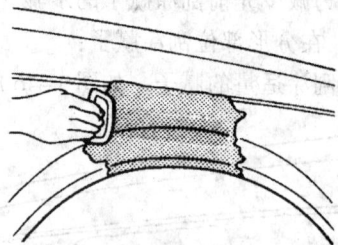

图 1-52　倒置的 R 部位使用橡胶刮刀的圆形部位

2. 打磨复杂表面上的腻子

打磨复杂表面腻子时，根据工作的形状，使用如图 1-53 所示的磨块。

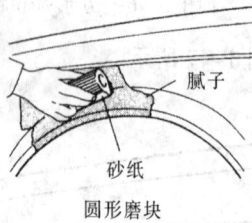

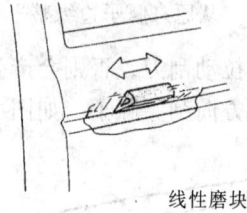

腻子

砂纸

圆形磨块

线性磨块

图 1-53　特殊形状磨块

（1）打磨复杂表面 I（车门）上的腻子

① 在往复式打磨机上用 80# 砂纸，粗磨整个部位，直到刮痕消失，如图 1-54 所示。

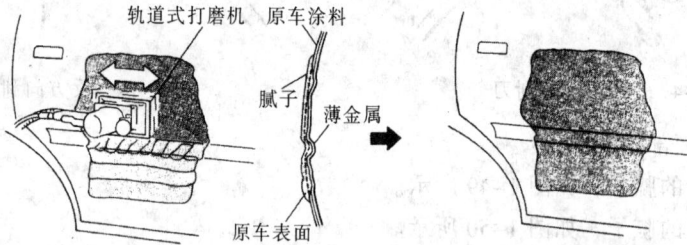

轨道式打磨机　原车涂料

腻子

薄金属

原车表面

图 1-54　粗磨整个部位

② 安装约 120# 的砂纸，同时用手触摸检查或用直尺检查。打磨上部平面部分，如图 1-55 所示。

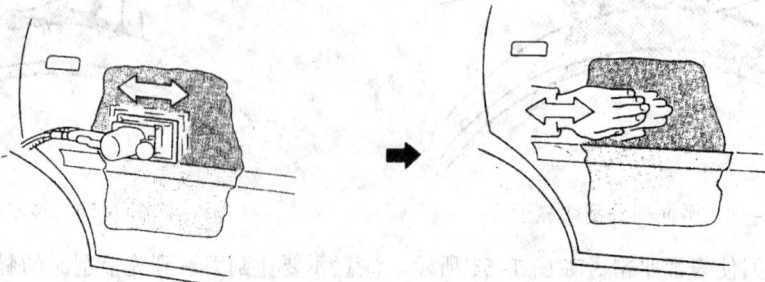

图 1-55　打磨上部平面部分

③ 如图 1-56 中 a 所示,侧移往复打磨机的砂纸,使用凸出部分的砂纸打磨倒 R 部分和相邻平面部分。

砂纸

图 1-56 打磨倒 R 部分和相邻平面部分

④ 手摸或用直尺检查,用平边打磨下面部分,如图 1-57 所示。

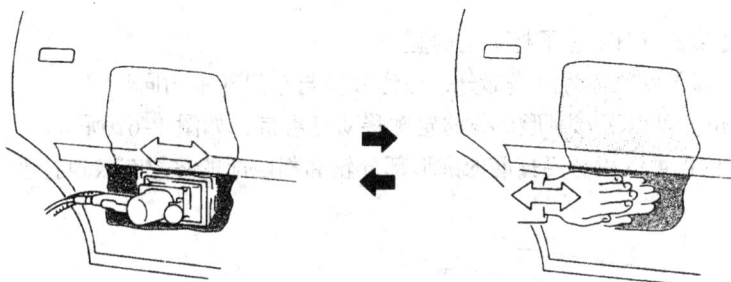

图 1-57 打磨下面部分

⑤ 把 120#砂纸粘贴到手工打磨块上,用手仔细检查表面,最后一次打磨上平面部分,如图 1-58 所示。

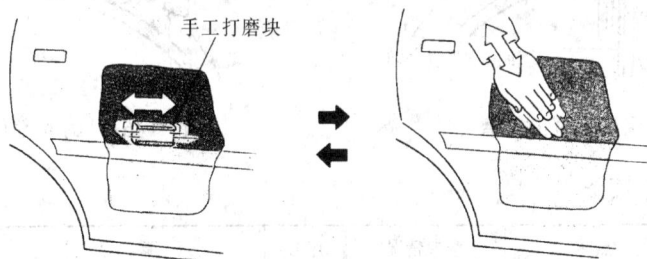

手工打磨块

图 1-58 最后打磨上平面部分

⑥ 同样,最后一次打磨下平面部分,如图 1-59 所示。

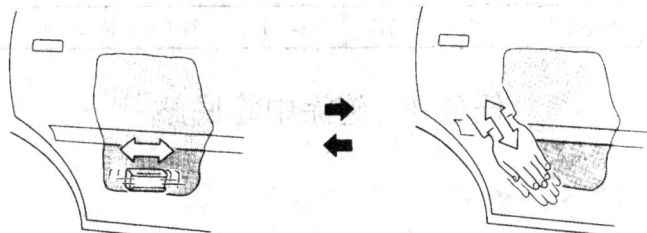

图 1-59 最后打磨下平面部分

⑦ 把 120#砂纸贴到圆形磨块上，用手仔细检查，同时最后一次打磨倒 R 部分和相邻平面部分，如图 1-60 所示。

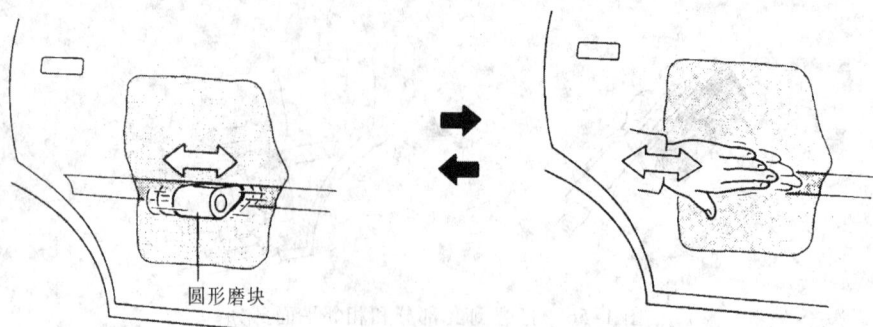

图 1-60　最后打磨倒 R 部分和相邻平面部分

（2）打磨复杂表面 II（翼子板）上的腻子

需要注意的翼子板独特的曲线部分，操作方法与车门基本相同。

① 圆形部位：可以沿着圆形部分的轮廓移动打磨机，如图 1-61 所示。

② 倒 R 部位：可以用与要打磨的圆形部分轮廓相匹配的垫块有效地打磨表面，如图 1-62 所示。

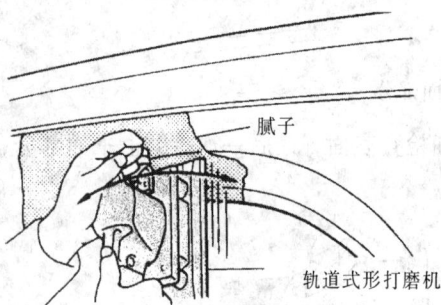

图 1-61　圆形部位的打磨

图 1-62　倒 R 部位的打磨

综合评价（考核）

序号	能 力 点	掌握情况	序号	能 力 点	掌握情况
1	在曲面上刮涂腻子	□是　□否	5	曲面上的腻子打磨	□是　□否
2	在分型线上刮涂腻子	□是　□否	6	带分型线表面腻子打磨	□是　□否
3	在车门上刮涂腻子	□是　□否	7	车门上腻子打磨	□是　□否
4	在翼子板上刮涂腻子	□是　□否	8	翼子板上腻子打磨	□是　□否

任务 4　施涂中涂底漆

任务描述

在腻子施涂完成并取得良好结果以后，表面必须经过一个中涂底漆工序，该工序包括表面修饰、清除打磨划痕、防锈及封闭，以增进面漆的附着力。

任务分析

本任务包含工序如图 1-63 所示。

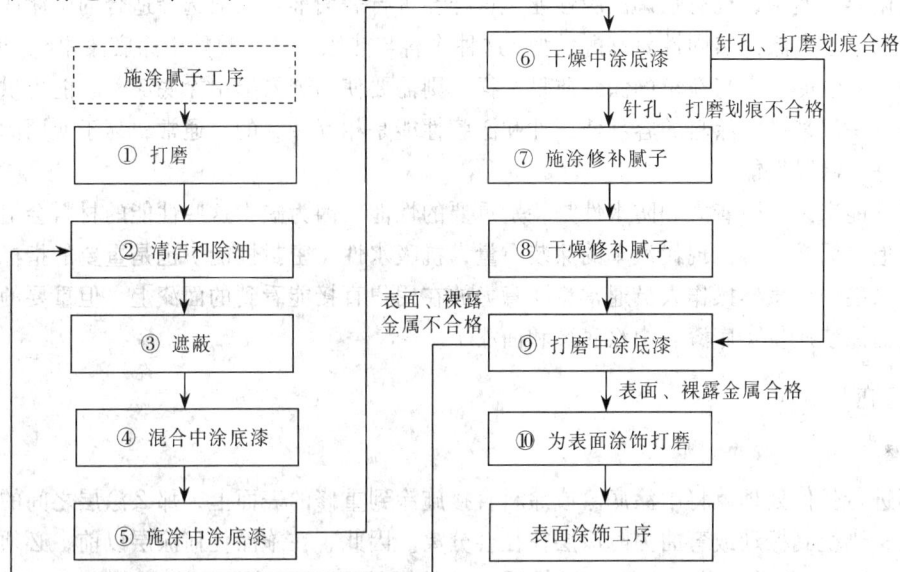

图 1-63 施涂中涂底漆工序

相关知识

1. 中涂底漆的特性

同时具有底漆和末道底漆的特性，广泛用在修补涂装工作。

中涂底漆是施涂在底漆、腻子或其他面漆下涂层上的第二层漆，具有如下特点：

① 填充浅的凹穴或砂纸划痕。

② 防止面漆吸收。

③ 增进面漆下涂层和面漆之间的附着。

当与前述底漆联用时，要遵循各自制造商的指示。

2. 中涂底漆的类型

（1）硝基中涂底漆

这是单组分中涂底漆，主要由硝酸纤维和醇酸或丙烯酸树脂组成。由于快干、使用简便，所以获得广泛应用。但是，该材料的涂装特性不及其他中涂底漆。

（2）氨基甲酸中涂底漆

这是一种双组分中涂底漆，主要由聚酯、丙烯酸和醇酸树脂组成，使用聚异氰酸酯作为硬化剂。虽然它的涂装性能极好，但是干燥得慢，需要在大约 60℃ 的温度下进行强制干燥。人们广泛认为，中涂底漆干燥得越快，其涂装性能越差。

（3）热固性氨基醇酸中涂底漆

这是单组分中涂底漆，主要由三聚氰胺或醇酸树脂组成，在施涂烘烤面漆重涂以前用做底漆。要求在 90～120℃ 的温度下进行烘烤，在喷涂烘烤漆膜之前作为底漆，它不合普通的修补涂装。

3. 中涂底漆的重要性和对漆膜的影响

硝基中涂底漆和聚氨酯中涂底漆主要用于修补。但涂料生产厂家销售的中涂底漆各不相同，有的强调容易使用，也有强调漆膜性能。这样在进行表面准备以前选择适合的中涂底漆。用在新车上的末道底漆是热固性氨基醇酸型，这种涂料与热固性氨基醇酸中涂底漆相同。因此，如果要求修补涂装的质量与新车的涂装质量一样，则需要使用聚氨酯中涂底漆，它能提供优良的涂层性能。一般来说，涂料的容易使用性和漆膜性能是相互冲突的。通常，易于使用的涂料并不具有良好的涂膜性能。

就涂层性能来讲，附着力和防水性是特别重要的性能，因为缺少这些性能的材料会引起涂层剥落或起泡。同样，考虑现代汽车的涂装质量，抗吸水性（密封性能）也是重要的指标。

在汽车涂装中，虽然操作人员通常将注意力放在用户直接能看到的面漆上，但重要的是确保各涂漆层的涂装质量（底漆、中涂底漆和面漆）。

任务实施

1. 打磨

如果不进行任何处理就将中涂底漆或涂料直接施涂到重修的表面上，那么涂层之间的附着力是很差的；当受到振动或弯曲力时涂层往往会分离。因此，在施涂任何涂层以前，必须产生一些诸如砂纸划痕那样的微小划痕，以暴露工件的活性表面，并增加表面面积，从而提高附着力。这个工序称为"打磨"，在施涂腻子以前的磨缘工序也是本工序的一部分，如图1-64所示。

图1-64 施涂前打磨的作用

将一片大约300#的砂纸装到双作用打磨机上，打磨准备施涂中涂底漆的表面。由于中涂底漆要施涂得能覆盖整个腻子面积，要打磨的面积应该在腻子区域边缘以外大约100 mm。

注意：

① 为了防止重涂面积不必要地扩大，即使宽度不到100 mm，也要沿车身钣金件接缝或特征线停止打磨。

② 一定要磨到涂料失去光泽。如果留有任何光泽区，那么涂装表面并未受到砂纸的影响。

③ 在不能用打磨机的地方，要用600#砂纸用手或手工打磨块打磨。

2. 清洁和除油

要特别注意从针孔和其他缝隙中清除打磨微粒，用压缩空气吹表面及周围面积，用除油剂进行正常的除油工序。

3. 遮蔽

遮蔽有关面积，防止中涂底漆过喷。

注意:

① 遮蔽材料要贴得让同样多的中涂底漆暴露出来,而同时又不会超出打磨面积。

② 为了防止在涂有中涂底漆的面积边缘产生台阶,要用"反向遮蔽"方法来粘贴遮蔽纸。

4. 混合中涂底漆

按中涂底漆制造商的指示,使用适当的计量仪器,向氨基甲酸酯中涂底漆添加固化剂,并且用稀释剂稀释混合物。

注意:

① 中涂底漆中的颜料往往会沉入底部,所以中涂底漆在使用以前必须充分混合,其方法与处理面漆的方法相似。

② 虽然硝基二道底漆容易使用,但是它的涂装性能较差,因此建议尽可能使用氨基甲酸酯二道底漆。

③ 有各种各样的稀释剂,可根据环境温度选用。

④ 通常,制造商对稀释剂的混合量都规定了一定的宽容度。如果稀释较少,涂层会比较厚,不过表面会较粗糙。另一方面,如果稀释剂较多,那么中涂底漆就较容易施涂,但是往往会垂流。

5. 施涂中涂底漆

施涂中涂底漆的步骤:

① 用搅杆充分搅拌中涂底漆、固化剂和稀释剂混合物,然后将它通过滤网倒入喷枪。

② 将第一层中涂底漆施涂至整个腻子表面,直至该表面变湿。

按表1-4调整标准喷枪(1.5 mm喷嘴孔)。

表1-4 中涂底漆喷枪参数

空气压力	$2\sim2.5$ bar(1 bar=10^5 Pa)
排放量	完全拧紧流体调整螺钉,然后再拧松螺钉2整圈。
喷枪距离	$10\sim20$ cm
喷雾宽度	大开

③ 要留足够的静置时间,以使中涂底漆中的溶剂蒸发(直至中涂底漆失去部分光泽)。

④ 用步骤②中的方法,再涂2~3层中涂底漆。

注意:

① 每次施涂中涂底漆时,稍稍扩大施涂面积。

② 如果施涂面积过大,以致中涂底漆喷到遮蔽纸上,就会产生"溜边"。

③ 如果腻子表面有变形(轻微的凹陷),则要喷涂足够量的中涂底漆,以便盖住凹陷,但不能有垂流。

6. 干燥中涂底漆

① 为了确保溶剂完全蒸发,在使用强制干燥方法(如红外线灯)时,要遵循中涂底漆制造商的指示,选择适当的固化时间。

② 按中涂底漆制造商的指示干燥工件表面。

在60 ℃时,15~20 min;在20 ℃时,90~120 min。

7．修补腻子

（1）检查有无针孔和打磨刮痕

检查针孔及打磨划痕在固化以后，检查有无针孔和打磨划痕。如果有，那么有关面积必须施涂修补腻子。

（2）修补腻子

修补腻子有单组分型和双组分型。单组分腻子容易使用，通常用于修补。修补腻子的施涂法。

① 舀起修补腻子，将它放在混合板上。如果用管装腻子，可以将它直接挤到刮刀尖上。

② 施涂修补腻子的目的是填补针孔及打磨痕，如图1-65所示。

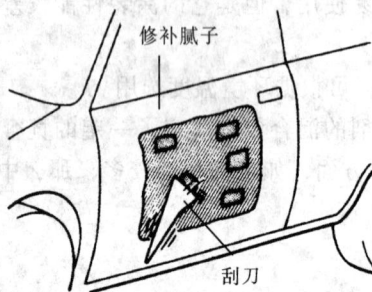

图1-65　修补腻子

注意：

① 将腻子牢牢地推压入针孔和打磨划痕。

② 修补腻子要薄薄地施涂，因为厚了，干燥得很慢。

③ 如果需要修补的点很多，那么在整个二道底漆表面都施涂上腻子，以防遗漏。

8．干燥修补腻子

按修补腻子制造商的指示干燥工件表面（20 ℃下干燥30～40 min；在60℃下干燥5～10 min）。

9．打磨中涂底漆

中涂底漆可以干磨或湿磨。

（1）用手进行干磨

将一片约600#的砂纸装到手工打磨垫块上，然后打磨中涂底漆，如图1-66所示。

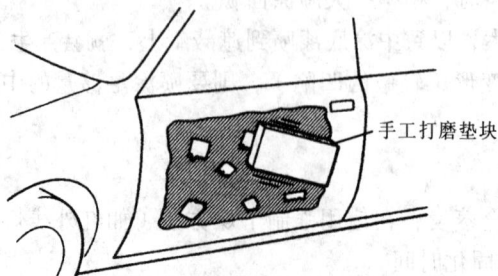

图1-66　用手工干磨

提示：因为砂纸上很容易布满打磨微粒，所以要经常使用砂纸的干净部位，或者用刷子清除打磨微粒。

（2）用打磨机进行干磨

将一片约400#的砂纸装到双作用打磨机上，然后打磨表面，如图1-67所示。

提示：不可能用打磨机完成整个干磨工作工序，因此在末尾要用手来结束工作。

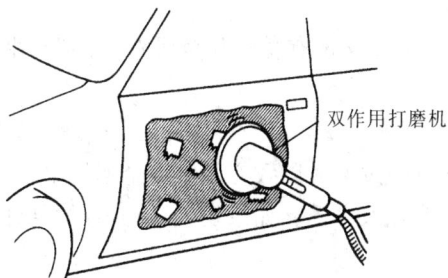

图1-67 用干磨机打磨

（3）用手进行湿磨

用沾了水的海绵弄湿有关表面，同时用装有约 600#防水砂纸的手工打磨垫块打磨中涂底漆，如图1-68所示。

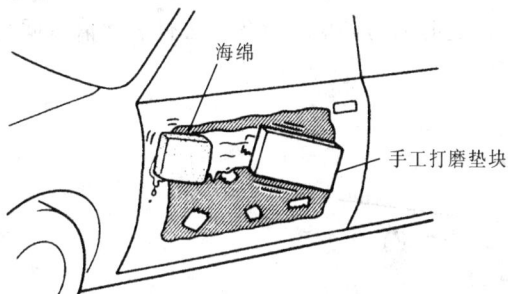

图1-68 用手工湿打磨

在打磨以后，必须彻底清除水气和干燥。

（4）用打磨机进行湿磨

将一片约600#防水砂纸装到湿式打磨机上，然后打磨中涂底漆，如图1-69所示。

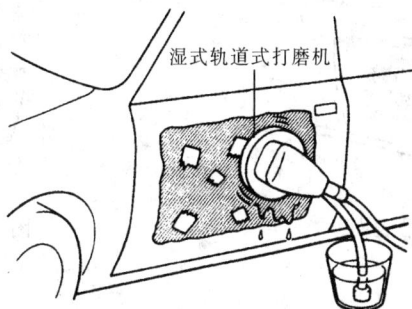

图1-69 用打磨机进行湿打磨

注意：

① 如果湿式打磨机不自动供水，那么就要用手湿磨的方法，用浸有水的海绵弄湿有关表面。

② 在打磨以后，必须彻底清除水气和干燥。

③ 不可能用打磨机完成整个湿磨工序，因此最后要用手来结束工作。

（5）检查打磨表面

如果修饰过的表面是均匀的，又没有腻子和金属露出，那么中涂底漆的打磨工序便完成了，如图 1-70 所示。

注意：

如果施涂修饰层的表面打磨过度，以致有腻子或金属露出，那么表面的光泽或纹理可能由于涂料吸收而受影响，也可能导致生锈。如果发生这种情况，要回到施涂中涂底漆的阶段，重新开始。

10. 施涂面漆前的打磨

打磨中涂底漆以后的下一步是施涂面漆。但是在施涂面漆前，必须打磨表面。打磨在施涂腻子和中涂底漆中很重要，因为如果不打磨，涂料日后可能会剥落。

（1）块重涂

在打磨中涂底漆时，要打磨整个表面。涂装表面有一点儿橘皮纹理。当用砂纸平整工件表面时，橘皮就被清除了。这时因为如果不首先从工件表面清除橘皮就施涂面漆，便不可能获得好的饰面，如图 1-71 所示。

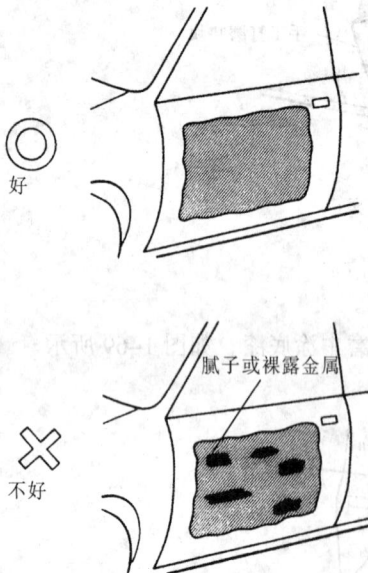

图 1-70　检查打磨表面

图 1-71　需打磨的面积

注意：

打磨必须进行到整个表面失去光泽为止。如果留下任何光泽区域，那么就是该表面还没有受到砂纸打磨，桔皮还没有清除，如图 1-72 所示。

（2）点修补

在打磨中涂底漆以后，在干净布上加点抛光剂，然后在施涂中涂底漆的面积周围，打磨大约 300 mm 宽的面积。打磨的目的不是除橘皮，而是要在工件表面留一些划痕。由于影线区将用一薄层修饰，如果让橘皮原封不动地保留，那么可以获得最佳效果。

在打磨时，涂料纹理完全被清除　　　　　放大图

图 1-72　表面打磨的程度

11. 向新钣金件施涂中涂底漆

当更换钣金件时，整个新钣金件必须施涂中涂底漆，然后才能施涂面漆。新钣金件施涂中涂底漆的步骤与部分施涂中涂底漆的步骤一样，喷涂方法基本上与施涂素色面漆的方法相同。其步骤如图 1-73 所示。

图 1-75　钣金件施涂中涂底漆步骤

综合评价（考核）

完成任务后，对照下表，看看这些能力点是不是都掌握了，在相应的方框中打勾。

序号	能　力　点	掌握情况	序号	能　力　点	掌握情况
1	清洁和除油，遮蔽	□是　　□否	5	修补腻子	□是　　□否
2	混合中涂底漆	□是　　□否	6	干燥修补腻子	□是　　□否
3	施涂中涂底漆	□是　　□否	7	打磨中涂底漆	□是　　□否
4	干燥中涂底漆	□是　　□否	8	新钣金件施涂中涂底漆	□是　　□否

项目 2　遮　　盖

引言

遮盖是一种保护方法，用胶带或纸盖住不需要修饰的表面，也用于在打磨、脱漆或抛光时保护相邻的表面。

虽然喷涂外逸的范围因空气压力和喷枪的用法而异，但是如果给后门涂面漆，那么它可以扩展至车门以外 1~2 m。为了防止喷涂外逸粘到其他表面上，要将其他表面适当地遮盖起来。

学习目标

- 明确喷涂前遮盖的意义，熟悉各种遮盖材料和设备的使用方法。
- 能进行汽车各外板件小修补的遮盖。
- 能进行汽车各外板的整板涂装的遮盖。

任务 1　后门重涂时的遮盖

任务描述

一辆汽车左后门在碰撞中受损，已完成钣金修复和腻子作业，在喷漆前进行遮盖。

任务分析

遮盖的工作程序及方法因需要重涂的面积和所用的涂装方法而异。因为遮盖方法是随许多因素变化的。所以，可以用不同的遮盖方法和材料来获得理想的效果。

相关知识

遮盖材料的典型性能要求：

① 防止溶剂影响表面。

② 防止涂料干燥以后脱落。

③ 防止产生灰尘。

④ 防止溶剂中的粘合剂影响涂料。

当在符合这些性能要求的材料中选用时，要考虑该材料的使用简易性及经济性。

任务实施

1. 后门门框

打开后门，贴上遮盖胶带，用以作为门框的边界，如图 2-1 所示。

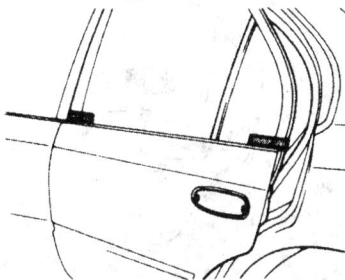

图 2-1　后门门框

2. 后门外把手安装孔

有两种方法进行此项作业。

（1）从车门的外面遮盖

① 从孔的边缘遮盖，如图 2-2 所示。

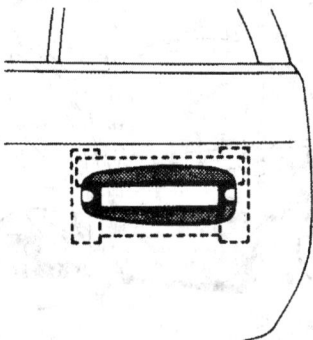

图 2-2　后门把手孔边缘遮盖

② 然后，盖住孔的中央。

当覆盖中央时，不要太用力推压遮盖胶带，否则会使遮盖胶带剥落，如图 2-3 所示。

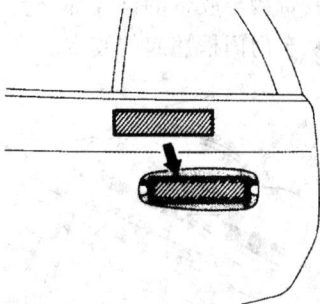

图 2-3　后门把手孔中央遮盖

（2）从车门的里面遮盖

① 首先将几段遮盖胶带叠起来，要叠到能盖住外车门把手的固定孔为止。

② 从里面贴遮盖胶带，盖住用于固定外车门把手的孔，如图2-4所示。

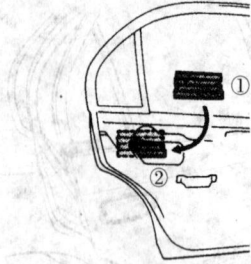

图 2-4　后门把手孔边从里遮盖

3. 后门内侧的卷边部分

贴上遮盖胶带，要使胶带伸出车门的卷边部分。如图2-5中A所示，在后门前底部多贴一段胶带，其长度约为154 mm。

对于后上部，要给门框全部贴上胶带，如图2-5中B所示，如图2-5所示。要尽可能避免胶带产生皱纹。

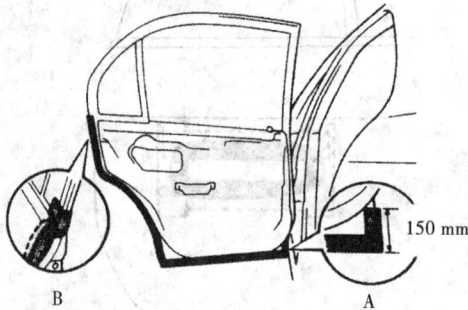

图 2-5　后门内侧的卷边部分的遮盖

4. 车身装饰条带区（见图2-6）

① 在车门上侧贴遮盖胶带，并让它伸到外面。

② 用另一段胶带，将另一段胶带接至胶带的延伸部分。

③ 用另一段遮盖胶带，压住从车门门框翘起的胶带。

图 2-6　车身装饰条带区的遮盖

5．后门外面

关上后门，贴上另一段遮盖胶带，压住在后门内侧的卷边部分中粘贴的胶带的延伸部分，如图 2-7 所示。

门边上一定不能粘有胶带。

图 2-7　后门外面的遮盖

6．后门前侧凸缘区

打开前门，贴上遮盖胶带，沿后门的前凸缘（图 2-8 中 A）的沟槽规定边界。此外，对于凸缘底部，延伸遮盖胶纸，使其达到后门内侧的卷边部分中所粘贴的胶带。对于顶侧，包上遮盖纸，使其盖住门框。

遮盖纸的长度应该足以盖住中央立柱。

图 2-8　后门前侧凸缘区的遮盖

7．前门里面

用遮盖胶带，贴上遮盖纸，使其延伸至前门的后缘上。

延伸遮盖纸的顶端，使其包住车门门框，而将底端延伸，距离前门的后端约 300 mm。对于门框部分，将纸向外卷，如图 2-9 所示。最后，关上前门。

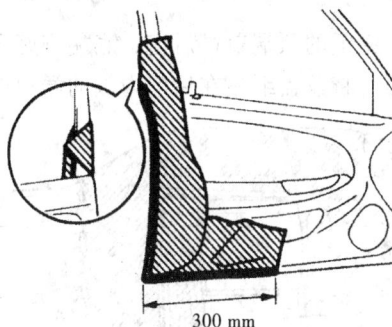

300 mm

图 2-9　前门里面的遮盖

遮盖纸应该相当大，要足以盖住前挡风条。

关前门时，要慢慢地关，以防止遮盖纸剥落。

8. 整部汽车

用乙烯薄膜，遮盖汽车的前半部、车顶和行李箱门。

乙烯薄膜必须与后门保持 200 mm 的距离。此外，一定不能让乙烯薄膜的底部拖在地上。遮盖车辆要涂装一侧的对侧，大约车辆一半的高度。乙烯薄膜一定不能有皱纹。

9. 前门后缘（见图 2-10）

① 将遮盖纸贴至前门的后侧。遮盖纸的长度应能让纸从车门槛板伸展至车顶。一定不能让纸产生皱纹。

② 遮盖前门后缘部分。为此，请用手指将遮盖纸卷在后缘上。

图 2-10 前门后缘的遮盖

10. 后门玻璃

遮盖后门玻璃，如图 2-11 所示。

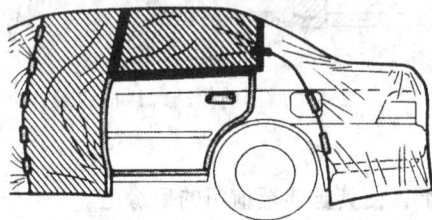

图 2-11 后门玻璃的遮盖

11. 后侧钣金件（见图 2-12）

① 将遮盖纸贴至后侧板。将纸的顶端盖过后窗，底端刚好可以触地。

② 遮盖后侧车轮罩的前面。将遮盖纸贴在后门内侧的卷边部分中所贴的遮盖胶带上。

图 2-12 后侧钣金件的遮盖

12. 车门槛板

将遮盖纸贴在车门槛板上，如图 2-13 所示。

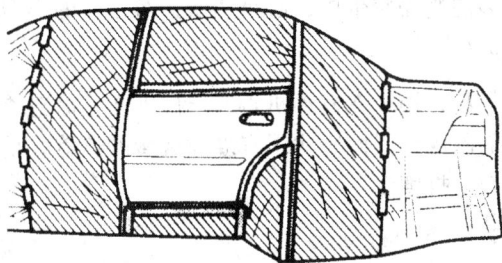

图 2-13 车门槛板的遮盖

综合评价（考核）

序号	能力点	掌握情况	序号	能力点	掌握情况
1	后门门框	□是　□否	5	前门里面和后缘	□是　□否
2	后门外把手安装孔	□是　□否	6	后门玻璃	□是　□否
3	后门内侧的卷边部分	□是　□否	7	后侧钣金件	□是　□否
4	后门外面	□是　□否	8	车门槛板	□是　□否

任务 2　后门重涂时的遮盖（用缝隙胶带）

任务描述

一辆车后门需要重涂，现使用缝隙胶带对不喷涂的部分进行遮盖。

任务分析

利用缝隙胶带遮盖后门前后的缝隙，其他部分的遮盖方法与前述方法相同。

相关知识

常见的遮盖材料包括：

1. 遮盖纸

遮盖纸优于报纸，因为它没有灰尘，而且可以抵抗涂料溶剂。也比较方便，因为它有各种不同的尺寸。遮盖纸有各种不同的厚度，供不同的修饰及施涂使用。例如，可以防止溶剂穿透的厚纸，以及具有铝箔衬里的耐热纸。

2. 乙烯薄膜

乙烯薄膜是很薄的乙烯材料，其宽度一般比遮盖纸宽。因此，它特别适用于盖在工作表面周围大的表面上，防止喷涂外逸。

3. 特殊的遮盖覆盖罩

车身罩可以罩住整部汽车，而仅暴露需要涂装的部分。这些覆盖罩可以反复使用。还有其他覆盖罩，例如轮胎罩。

4．遮盖胶带

汽车用的遮盖胶带必须能抗热和抗溶剂，而且其粘合胶应该在剥落以后不会粘在车身表面上。在市场上供应种类繁多的遮盖胶带中，必须按所进行工作的类型选用合适的遮盖胶带。

5．缝隙胶带（聚氨酯带）

缝隙胶带是一种遮盖材料，用于在发动机盖或车门处防止涂料透入缝隙。缝隙胶带用聚氨酯泡沫体，并加入黏合剂而制成，因此简化了有缝隙区域的遮盖。呈圆柱形，因此可以防止喷涂台阶，使涂装的表面很容易打磨。

6．密封条的遮盖材料

因为密封条或嵌条与车身接触，所以当遮盖车窗时，很难确保顺利分离。结果，涂料会粘在密封条上。在这种情况下，可以在密封条下面嵌入一种特殊的产品，以便在车身与密封条之间产生缝隙。

任务实施

1．后门门框遮光重涂区

打开后门，并贴上遮盖胶带，规定门框处的边界，如图 2-14 所示。

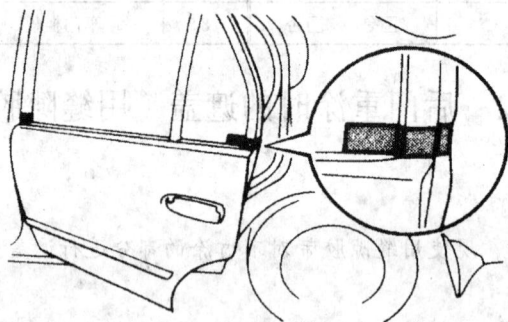

图 2-14　后门门框遮光重涂区的遮盖

2．后门里面（见图 2-15）

① 沿后门的卷边部分的车身封闭剂贴上遮盖胶带（大约 30 mm 厚）。

② 将大约 150 mm 的遮盖胶带贴至后门的前底部。

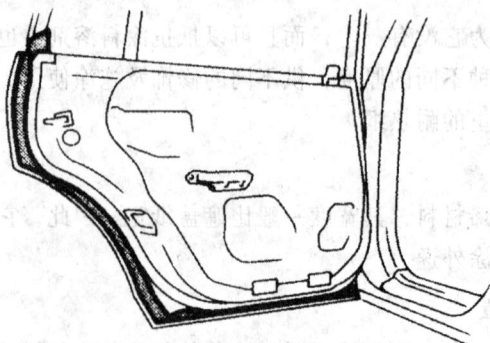

图 2-15　后门里面的遮盖

3. 后侧（见图 2-16）

① 在车顶滴水器末端嵌条的底部规定边界，见图 2-16 中 A 部分。

② 将缝隙胶带贴至该部位，使其高度与后侧钣金件的高度相同。

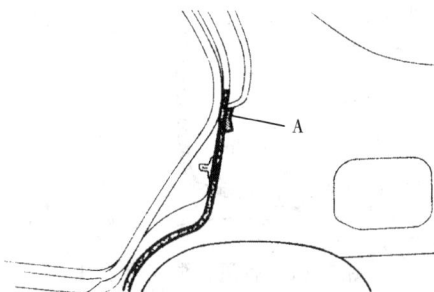

图 2-16 后侧的遮盖

在贴缝隙胶带以前，要用抛光剂磨毛该面积。然后，将该面积清洁和除油。

4. 后门外把手安装区（见图 2-17）

① 首先将几段遮盖胶带叠起来，面积要大得足以盖住孔口。

② 从里面贴遮盖胶带，以盖住用于安装外门把手的洞。

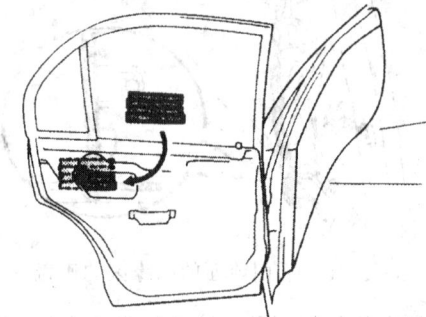

图 2-17 后门外把手安装区的遮盖

5. 车身装饰条带区（见图 2-18）

① 将遮盖胶带贴在上门边。

② 用另一块遮盖胶带将另一块胶带固定在步骤①中粘贴的胶带上。

③ 将从门框上翘起的胶带向下压。

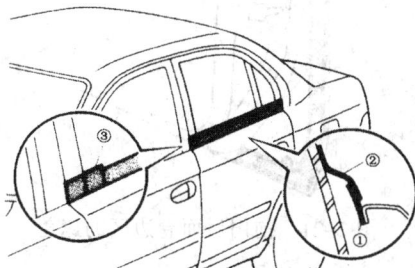

图 2-18 车身装饰条带区的遮盖

④ 关上后门。

检查缝隙已完全盖住，如图 2-19 所示。

图 2-19　后门缝隙完全盖住

6. 后门前边

① 打开前门，将缝隙胶带贴至后门前面的凸缘区，如图 2-20 所示 A 部分。

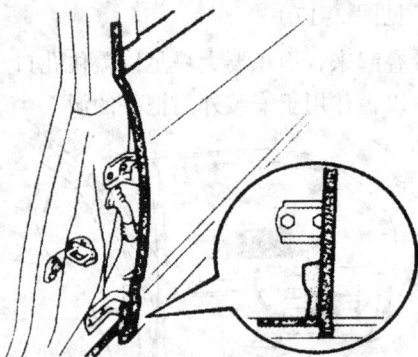

图 2-20　后门前面的凸缘区的遮盖

② 沿前门后面的卷边区的车身封闭剂贴上遮盖胶带（大约 30 mm 宽），如图 2-21 所示。

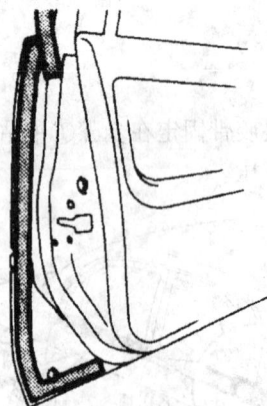

图 2-21　前门后面卷边区的遮盖

③ 关上前门。

检查缝隙胶带已正确粘贴，如图 2-22 所示。

图 2-22　检查缝隙胶带

7. 整部汽车

用乙烯薄膜遮盖汽车前半部、车顶和行李箱门，如图 2-23 所示。

乙烯薄膜必须离开后门大约 200 mm。一定不要让乙烯薄膜的底边拖在地上。

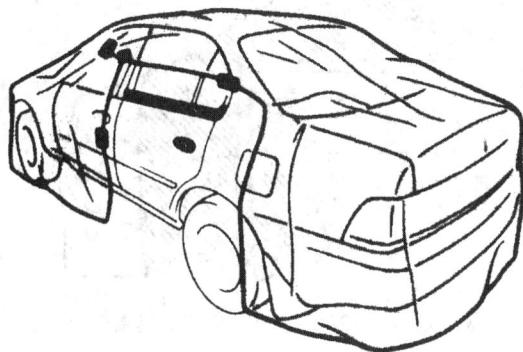

图 2-23　用乙烯薄膜遮盖车身其他部分

8. 前门（见图 2-24）

① 将遮盖纸贴到前门的后边。将遮盖胶带从车门槛板延伸至车顶。尽可能不要让胶带上有皱纹。

② 贴上遮盖胶带，以盖住前门的后边。一定不要让遮盖胶带接触到后门的边。

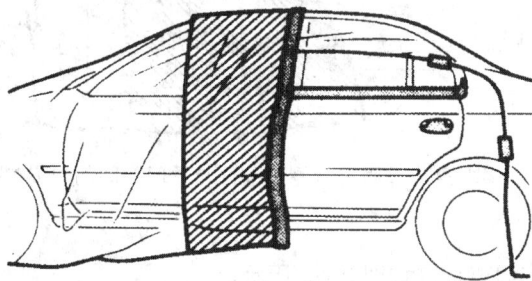

图 2-24　前门后边的遮盖

9. 后门玻璃

遮盖后门的玻璃，如图 2-25 所示。

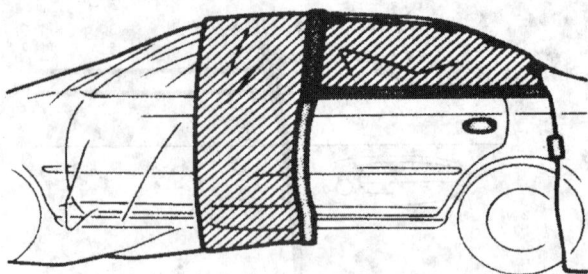

图 2-25　后门玻璃的遮盖

10．后侧钣金件

① 用遮盖纸盖住后侧钣金件。遮盖胶带的长度应能盖住从后窗玻璃至轮胎的面积。

② 遮盖后侧车轮罩的前面，如图 2-26 所示。

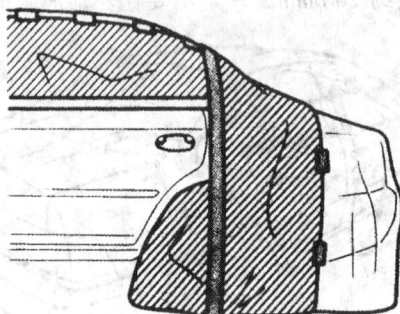

图 2-26　后侧钣金件的遮盖

③ 用遮盖胶带，固定后侧钣金件与后门之间的边界，如图 2-27 所示。完全盖住后侧钣金件的边。不要让遮盖胶带接触到后门。

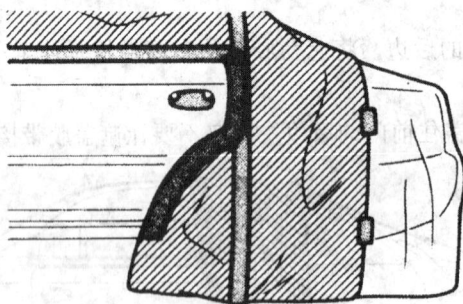

图 2-27　固定后侧钣金件与后门之间的边界

11．车门门槛

① 将遮盖纸贴至车门槛板，如图 2-28 所示。

② 用遮盖胶带，规定车门槛板与后门之间的边界。

- 一定要使遮盖胶带接触到缝隙胶带。

- 不要让遮盖胶带接触到后门。

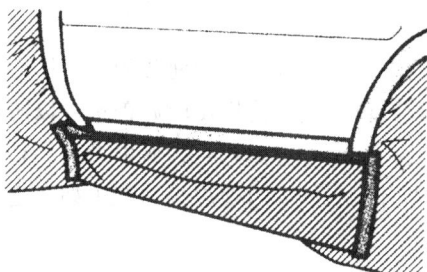

图 2-28　门槛的遮盖

12. 工作完成（见图 2-29）

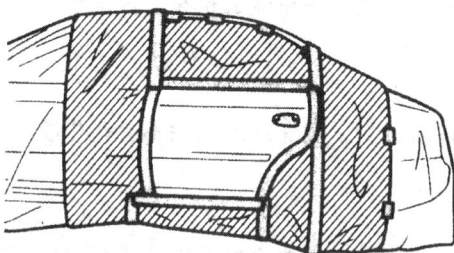

图 2-29　遮盖完成

综合评价（考核）

序号	能力点	掌握情况	序号	能力点	掌握情况
1	后门门框遮光重涂区	□是　　□否	5	前门	□是　　□否
2	后门里面	□是　　□否	6	后门玻璃	□是　　□否
3	后门外把手安装区	□是　　□否	7	后侧钣金件	□是　　□否
4	后门前边	□是　　□否	8	车门槛板	□是　　□否

任务 3　后侧钣金件重涂时的遮盖

任务描述

一辆汽车后侧钣金件发生碰撞，经钣金修复、腻子刮涂打磨已完成。在喷涂前，需要将不喷涂的部分遮盖。

任务分析

在进行后侧钣金盖的遮盖时，要注意行李箱门和后门边界的遮盖。

相关知识

1. 遮盖方法

遮盖方法可以按涂层的面积和重涂方法的类别来分类。

（1）施涂中涂底漆时的遮盖

由于施涂中涂底漆所用的空气压力低于施涂面漆的空气压力（以尽可能减少喷涂外逸），所以工件表面的遮盖工序比较简单。通常使用反向遮盖法，以防止产生喷涂台阶。

反向遮盖方法是指遮盖纸在敷贴时里面朝外，所以沿边界粘有一薄层漆雾。这种方法用于尽可能减小台阶，使边界不太引人注目。当处理小面积（如在进行点修补）时，边界可以规定在一个给定的车身板内。

（2）点修补时的遮盖

为了进行成块重涂，翼子板或车门之类的板件必须单独遮盖。如果板块有孔口（如供放装饰件用的孔，或板件之间的缝隙），它们必须遮盖，以防漆雾进入这些区域，如果覆盖孔口有困难，那么可以从里面遮盖孔口，从而防止漆雾粘至内部部件上。

（3）隐蔽处的遮盖

① 重涂后侧钣金件

当重涂没有边界的钣金件时，为了确保涂料喷涂不会产生喷涂台阶，该区域必须用反向遮盖方法加以遮盖。

② 重涂翼子板尾端

为了重涂翼子板的尾端，该区域必须用点修补方法进行重涂。由于点修补的涂装面积小于块重涂，仅遮盖翼子板的尾端部分就足够了。

2. 遮盖边界

分隔重涂区与非重涂区的区域边界，必须根据修理的范围及旧涂料的状况选择边界。

（1）板间缝隙上的边界

为了块重涂一块用螺栓安装的外板，必须在板间的缝隙上贴边界，进行遮盖。

（2）车身封闭剂（板缝）上的边界

后侧板件或其他焊接部件可能没有任何缝隙将它们与相邻板件分隔开。连接下后壁板和车门槛板的区域就是这种情况，因为这样的区域通常使用车身封闭剂，车身封闭剂部分可以用做边界。

遮盖胶带可以折成车身封闭剂的宽度。这可以使边界处的台阶不太显眼。

（3）在特征线凸出部位上的边界

这个方法用于仅重涂板件的一部分，而不需不必要地扩展要重涂的区域。这个效果通常通过反向遮盖达到，它使边界处的台阶尽量不显眼。

注意：

要准确地沿特征线进行反向遮盖。

（4）平面部分上的边界

当处理诸如点修补中的小面积时，边界必须通过反向遮盖限定在一块给定的车身板内。

任务实施

1. 行李箱门

① 打开行李箱门，然后贴上遮盖胶带，以盖上行李箱门里面的边，如图 2-30 所示。

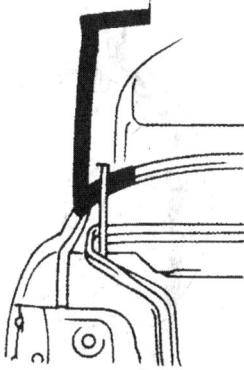

图 2-30　行李箱门里面边的遮盖

② 在图 2-31 所示位置规定车窗上嵌条（后窗嵌条）的边界。

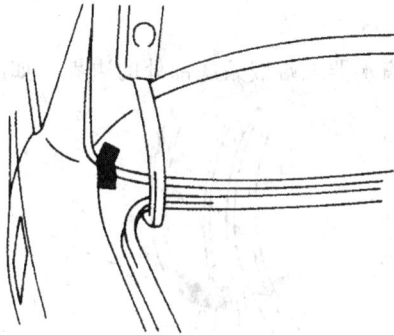

图 2-31　规定车窗上嵌条的边界

③ 贴上缝隙胶带，以盖住后侧钣金件与行李箱之间的缝隙。与此同时，用缝隙胶带规定后壁板的封闭剂处的边界，如图 2-32 所示。

- 缝隙胶带绝不可以伸出影响涂装表面。
- 胶带必须完全盖住。

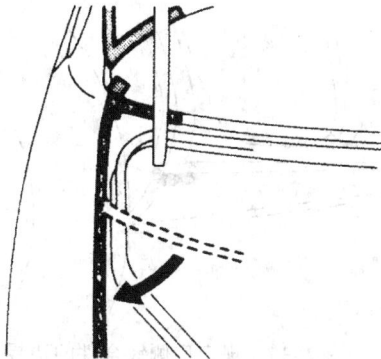

图 2-32　盖住后侧钣金件与行李箱之间的缝隙

④ 与此同时，用缝隙胶带规定后壁板的封闭剂部位的边界，如图 2-33 所示。

⑤ 从行李箱的里面盖住由于取下装饰而产生的洞。

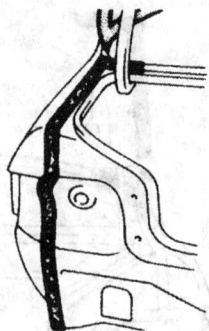

图 2-33 用缝隙胶带规定后壁板的封闭剂部位的边界

⑥ 关上行李箱。

必须完全盖住缝隙。

2. 在后门周围

① 打开后门，规定车顶滴水器末端嵌条底部处的边界，如图 2-34 所示。

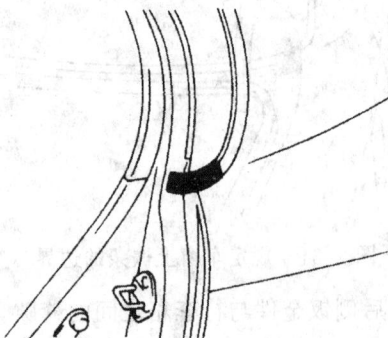

图 2-34 规定车顶滴水器末端嵌条底部处的边界

② 在遮光部分规定后侧钣金件的边界，如图 2-35 所示。

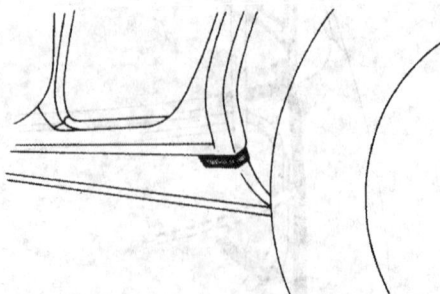

图 2-35 规定后侧钣金件的边界

③ 使用缝隙胶带在后柱 1/4 处规定边界，如图 2-36 所示。

④ 沿后门内边缘粘贴遮盖胶带。

⑤ 关上后门。

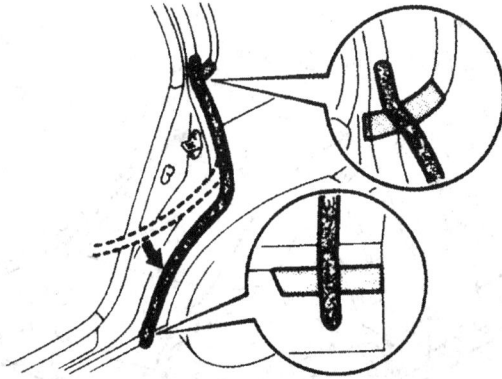

图 2-36　在后柱 1/4 处规定边界

在粘贴后门框上的遮盖纸时，一定要将它绕过外表面，如图 2-37 所示。

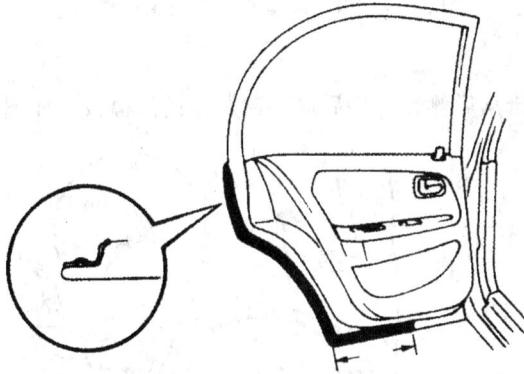

图 2-37　后门框上的遮盖纸要绕过外表面

3. 燃油盖（见图 2-38）

① 打开燃油盖。沿封闭剂区规定边界，遮盖燃油盖的后边。

② 遮盖燃油箱加油管罩。

③ 轻轻关上燃油盖，以防所贴胶带剥落。

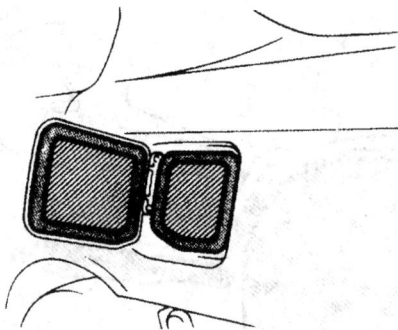

图 2-38　燃油盖的遮盖

4. 整部汽车

使用乙烯薄膜，盖住整部汽车，如图 2-39 所示。

图 2-39　用乙烯薄膜，盖住整部汽车

5. 后侧钣金件底部

① 从里面将遮盖胶带从后侧钣金件后底部贴至车门门槛板，如图 2-40 所示。

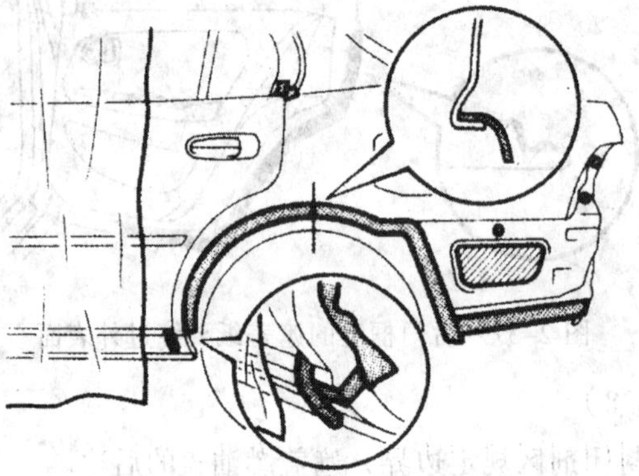

图 2-40　后侧钣金件后底部贴至车门门槛板的遮盖

② 遮盖车轮罩和遮盖轮胎，如图 2-41 所示。

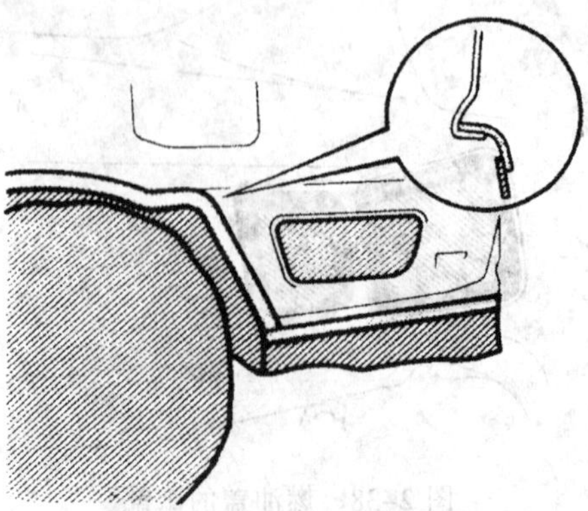

图 2-41　遮盖车轮罩和轮胎

6. 后窗玻璃、行李箱盖和后挡板

① 遮盖后窗玻璃、行李箱门及后挡板，如图 2-42 所示。

同时在边界和要贴遮盖纸的区域之间留大约 20 mm 的宽度。如果在遮盖纸上有皱纹，将皱纹弄平，然后再贴胶带。遮盖行李箱门和后挡板之间的边界常常是很困难的，因为那里有很大的缝隙。可以使用缝隙胶带。

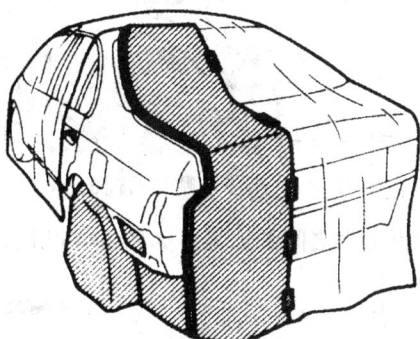

图 2-42　遮盖后窗玻璃、行李箱门及后挡板

② 规定后侧钣金件及行李室门之间的边界。

为了规定边界，将遮盖胶带包在边缘上，如图 2-43 所示。

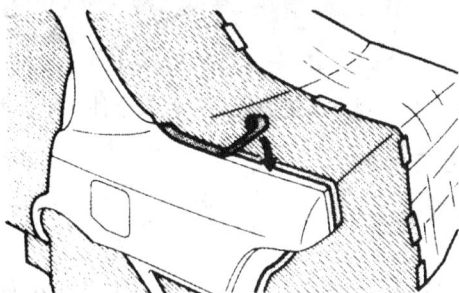

图 2-43　规定后侧钣金件及行李室门之间的边界

7. 后门顶

① 将遮盖纸贴至后门的上部。为了尽可能减少皱纹，将它贴到车门上以前，先将纸拆整齐，如图 2-44 所示。

图 2-44　遮盖纸贴至后门的上部

② 用同样方法，将遮盖纸贴至后门的下部，然后将上、下遮盖纸连接起来，如图 2-45 所示。

图 2-45　遮盖纸贴至后门的下部

③ 规定车门面板与后侧钣金件之间的边界，如图 2-46 所示。

图 2-46　规定车门面板与后侧钣金件之间的边界

8. 车顶滴水器嵌条及后窗嵌条

有两种方法进行此项作业。

（1）翘起嵌条

① 这种材料做成图 2-47 中 A 部分所示的形状，用于插在嵌条与涂装表面之间，以翘起嵌条。

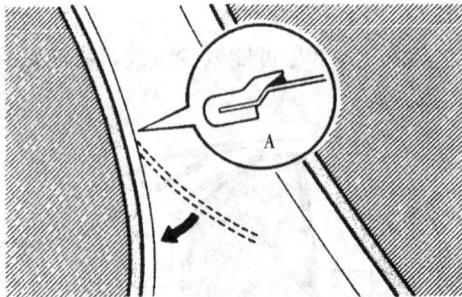

图 2-47　翘起嵌条

② 一旦翘起嵌条，用胶带遮盖嵌条，如图 2-48 所示。

（2）拉起嵌条

① 这是一种塑料胶带，用于插在嵌条和涂装表面之间，如图 2-49 所示。

图 2-48　遮盖嵌条

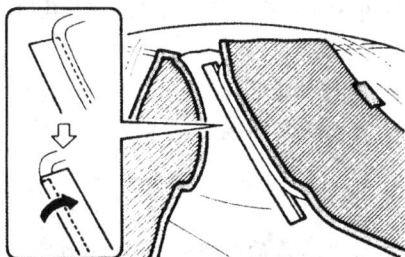

图 2-49　将塑料胶带插在嵌条和涂装表面间

② 该塑料胶带要贴得能拉起嵌条，从而在嵌条与涂装表面之间产生间隙。

不要将嵌条拉过度。如果用力过大，嵌条将弯曲，使嵌条难于恢复其原来的形状，如图 2-50 所示。

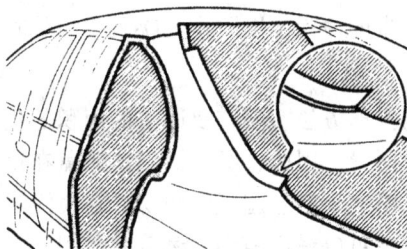

图 2-50　拉起嵌条

9. 工作完成

工作完成，如图 2-51 所示。

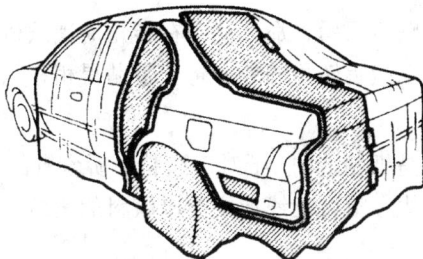

图 2-51　工作完成

综合评价（考核）

序号	能力点	掌握情况	序号	能力点	掌握情况
1	行李箱门	□是　□否	5	后侧钣金件底部	□是　□否
2	在后门周围	□是　□否	6	后窗玻璃、行李箱盖和后挡板	□是　□否
3	燃油盖	□是　□否	7	后门顶	□是　□否
4	整部汽车	□是　□否	8	车顶滴水器嵌条及后窗嵌条	□是　□否

任务 4　发动机盖、左前翼子板、左前门重涂时的遮盖

任务描述

一辆汽车需要全车喷涂，把不需喷涂的部分遮盖。

任务分析

全车喷涂时，需要仔细检查需要遮盖的部件和部分，细致地完成遮盖。

相关知识

遮盖时的注意事项如下：

1. 清洁和除油

在将车辆开上工作车位以前，先要清洗车辆，特别脏的部位要彻底清洗。

用除油剂清洁要贴遮盖胶带的面积，以防止在吹风或涂装时遮盖胶带剥落。

2. 遮盖的范围

所用的重涂方法和喷枪的操作方法不同，要遮盖的面积的范围也不同。漆雾散射的范围因所进行的是点修补还是块重涂而异。因此，必须恰当地遮盖在每一种情况下的最小面积。

开始时，最好使遮盖面积略大于必须遮盖的面积。在喷涂以后，查看遮盖纸上是否有喷涂外逸的迹象。在随后的施涂中，可以逐步缩小要遮盖的面积。

3. 不可拆卸部件的遮盖

将遮盖胶带贴在不可拆卸的部件上，并留一个小小的间隙（等于涂层的厚度）。如果不留间隙涂料形成的涂层将会连接表面和遮盖胶带，从而使遮盖胶带难以剥除。如果间隙太宽，那么遮盖胶带便不能很好地遮盖部件。

如果遮盖胶带在圆部件上贴得很紧，那么就会在转角周围缩进去，从而暴露需要隐匿的面积。为了解决这个问题，应该在接近转角的地方将胶带贴得稍稍松一点。

4. 双重遮盖

通常使用的遮盖胶带和纸是纸制造的。纸对于涂料中所含有的溶剂的抵抗力不很强。因此，在涂料易于聚积的地方（如板边、沿特征线或要涂厚涂料的区域），贴双层遮盖胶带和纸，可以防止涂料透入遮盖材料。

5. 剥除遮盖材料

一般说来，遮盖材料应该在抛光后取去。但是，沿边界的遮盖胶带应在涂装后，趁涂层还

是软的时候，小心地取下。这是因为一旦涂料变干变脆，它便不会均匀地分离，从而使结果不理想。

注意：

如果一个区域使用密封条的遮盖材料，遮盖材料必须在密封条刚干以后，趁其还热的时候剥除。如果密封条的材料在密封条冷却以后才剥除，密封条就会变形，并且难于恢复至原形。

6. 缝隙胶带

缝隙胶带可以使工作简化，而且可以缩短重涂所需要的时间。但是，如果使用不当，可能引起很大的问题。

7. 遮盖胶带的剥除

有时，遮盖胶带可以在粘以后几个小时剥除。在此条件下喷涂料将会引起问题。在涂装以前清洁和除油时，一定不能剥除遮盖胶带。

8. 其他

遮盖工序通常是在工作车位进行的。在该工序完成以后，车辆便开入涂装室。阻止汽车运动的区域不要遮盖，而留待于涂装室内遮盖。例如：

① 阻止进入汽车内部的遮盖：如果车门完全遮盖，那么汽车便无法开动。

② 运动部件周围的遮盖（如轮胎）：当遮盖汽车的外面时，一定不要让遮盖材料太长，而且要保证汽车轮胎不会压到。

用反向遮盖法的区域难于充分清洁和除油。

因此，只有在有关区域清洁和除油以后，才能进行反向遮盖。

任务实施

拆下图 2-52 中所示部件。

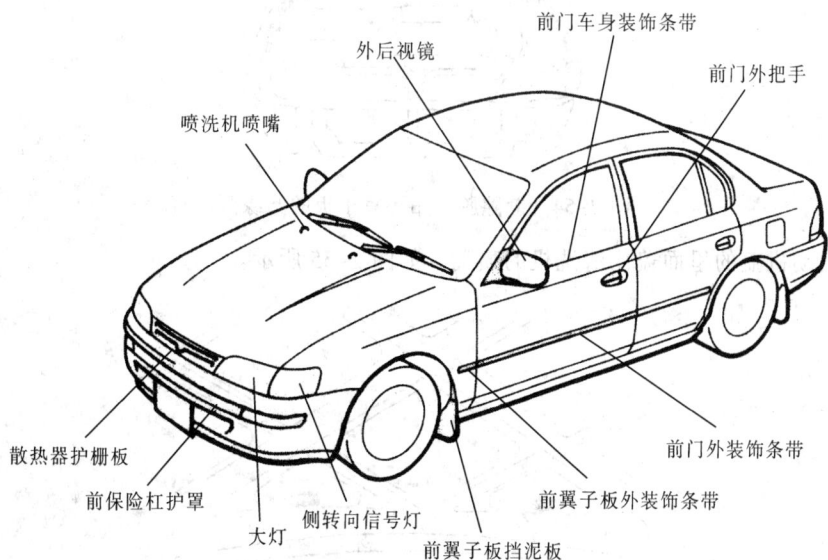

图 2-52 需拆卸的部件

1. 发动机室

① 打开发动机盖并用遮盖胶带规定车颈顶通风百叶窗和翼子板之间的间隙处的边界。如图 2-53 所示。

② 在对侧翼子板上进行同样的作业。

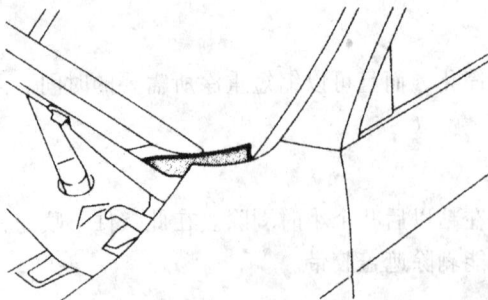

图 2-53 规定车颈顶通风百叶窗和翼子板之间的间隙处的边界

③ 将缝隙胶带贴至翼子板的凸缘区，使缝隙胶带的高度与翼子板的高度相同，如图 2-54 所示。

至于缝隙胶带的长度，让胶带稍稍凸出翼子板。

④ 在对侧翼子板上进行同样的作业。

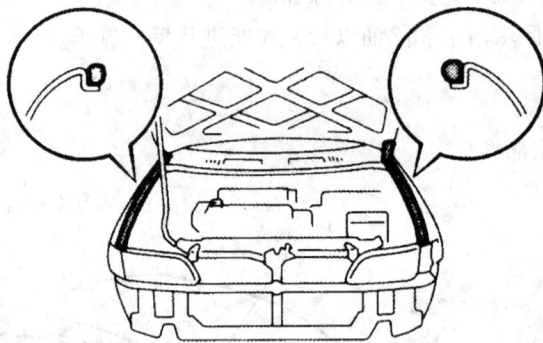

图 2-54 缝隙胶带贴至翼子板的凸缘区

⑤ 从发动机盖的里面盖住清洗机的喷嘴，如图 2-55 所示。

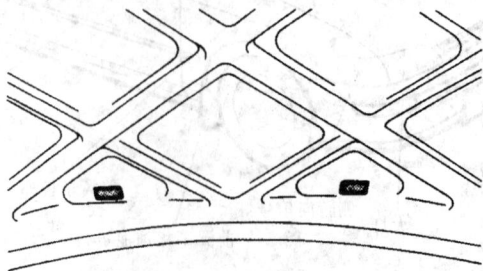

图 2-55 盖住清洗机的喷嘴

⑥ 将遮盖纸向下和沿前挡风玻璃滑移，并且遮盖通风百叶窗，如图 2-56 所示。一定要确实遮盖密封条。

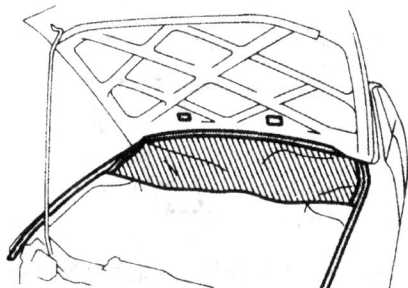

图 2-56 遮盖通风百叶窗

⑦ 沿发动机盖里面的封闭剂粘贴遮盖胶带，如图 2-57 所示。

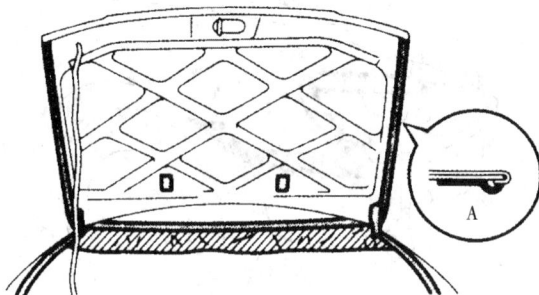

图 2-57 沿发动机盖里面的封闭剂粘贴遮盖胶带

⑧ 粘贴遮盖纸，以规定沿发动机盖前端的封闭剂的边界，如图 2-58 所示。遮盖纸要切得比发动机盖稍稍宽一点。

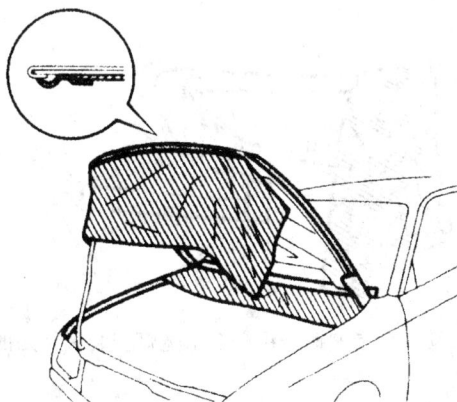

图 2-58 规定沿发动机盖前端的封闭剂的边界

2．前车灯

① 从车宽灯安装区的里面粘贴遮盖胶带，如图 2-59 所示。

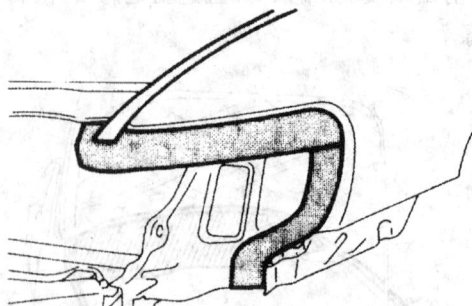

图 2-59 从车宽灯安装区的里面粘贴遮盖胶带

② 同样地，将遮盖胶带贴至前保险杠护罩安装区，如图 2-60 所示。

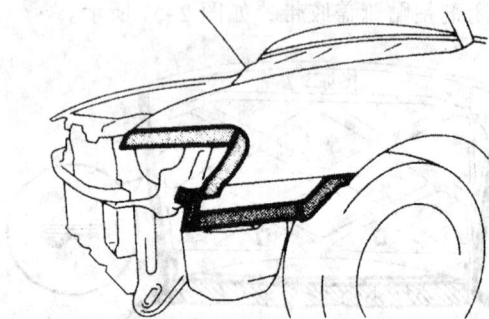

图 2-60 将遮盖胶带贴至前保险杠护罩安装区

③ 轻轻关上发动机盖，不要撕破遮盖纸。

④ 将发动机前端的遮盖纸贴至示宽灯安装区粘贴的遮盖胶带上，如图 2-61 所示。

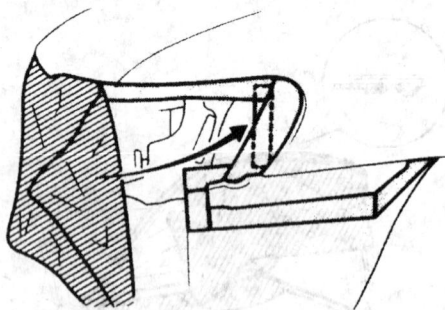

图 2-61 将发动机前端的遮盖纸贴至示宽灯安装区粘贴的遮盖胶带上

3. 右前翼子板

① 将遮盖纸贴到前翼子板上，以规定发动机盖与翼子板之间的边界，如图 2-62 所示。

- 将遮盖胶带插在翼子板和发动机盖之间。
- 遮盖纸要切得比实际的需要稍长一点。

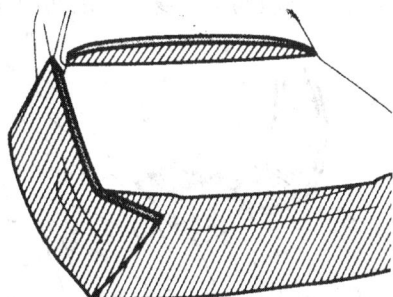

图 2-62 规定发动机盖与翼子板之间的边界

② 遮盖右前翼子板与通风百叶窗之间的间隙，如图 2-63 所示。

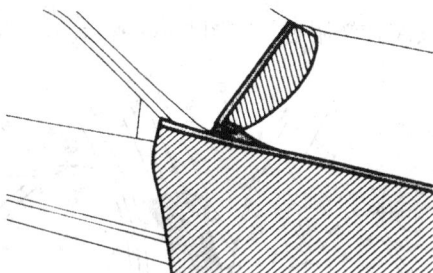

图 2-63 遮盖右前翼子板与通风百叶窗之间的间隙

4．发动机罩后端

用遮盖胶带，压下发动机盖后端处翘起的遮盖纸，如图 2-64 所示。

① 胶带要尽量向后贴。

② 如果在喷涂料时不压下翘起的遮盖纸，那么遮盖纸可能粘到发动机盖的里面，不能剥落。

图 2-64 发动机罩后端的遮盖

5．前车身立柱

① 打开前门。

② 粘贴遮盖胶带，以规定左前翼子板与前车身立柱之间的间隙，如图 2-65 所示。

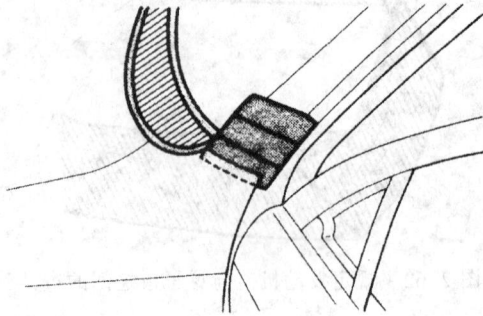

图 2-65　规定左前翼子板与前车身立柱之间的间隙

③ 将遮盖胶带贴至前门安装铰链附近，如图 2-66 所示。

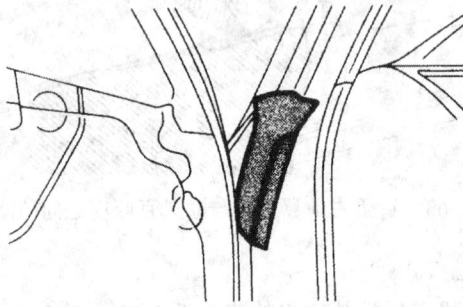

图 2-66　前车身立柱的遮盖

6. 前门里面

① 将遮盖胶带贴至车门槛板，一直贴至前门安装铰链附近，如图 2-67 所示。

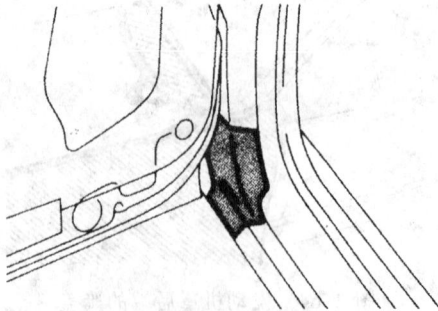

图 2-67　车门槛板的遮盖

② 遮盖前密封条，如图 2-68 所示。

③ 用遮盖胶带，遮盖电气配线。

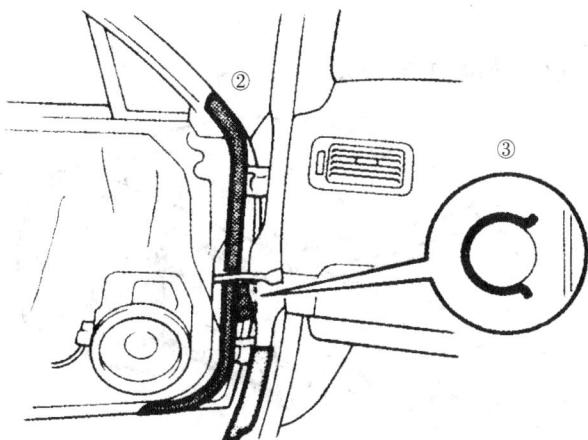

图 2-68　遮盖前密封条和电气配线

④ 从里面遮盖外把手安装孔，如图 2-69 所示。

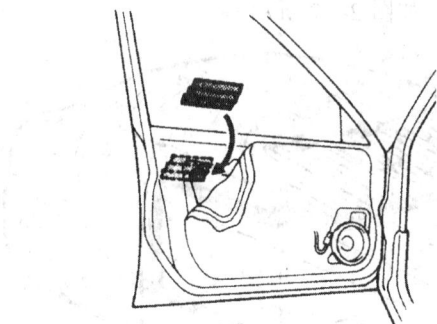

图 2-69　遮盖外把手安装孔

⑤ 将遮盖胶带贴至前门的后面，也是从里面贴。

⑥ 将遮盖胶带贴前门的底部。

7．前门外面

① 用遮盖胶带，规定车门框处的边界。

② 关上前门。

③ 遮盖前门窗玻璃与车门面板之间的缝隙，如图 2-70 所示。

图 2-70　遮盖前门窗玻璃与车门面板之间的缝隙

8．汽车后部

用乙烯薄膜遮盖汽车，如图 2-71 所示。

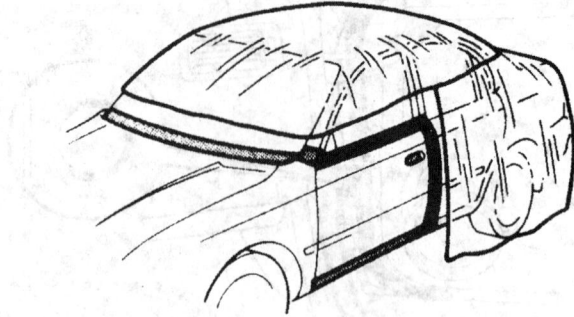

图 2-71　用乙烯薄膜遮盖汽车

9．前挡风玻璃

将遮盖纸贴在前挡风玻璃上，如图 2-72 所示。

图 2-72　前挡风玻璃的遮盖

10．后门

将遮盖纸贴在后门上，尽量防止产生皱纹，如图 2-73 所示。

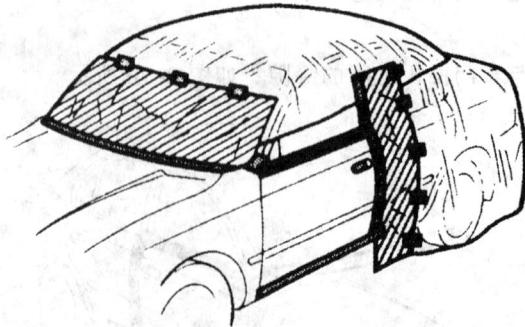

图 2-73　后门的遮盖

11．前门玻璃

将遮盖纸贴至在前面粘贴的遮盖胶带上，遮盖前门玻璃，如图 2-74 所示。

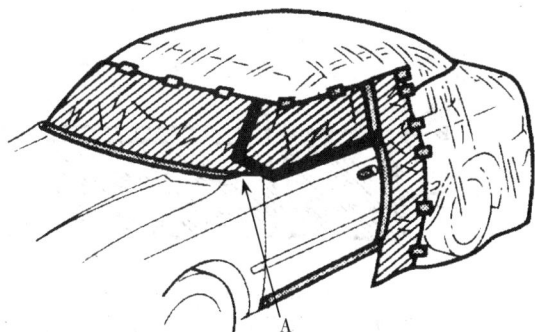

图 2-74　前门玻璃的遮盖

12．门槛

① 将遮盖纸贴至门槛，如图 2-75 所示。

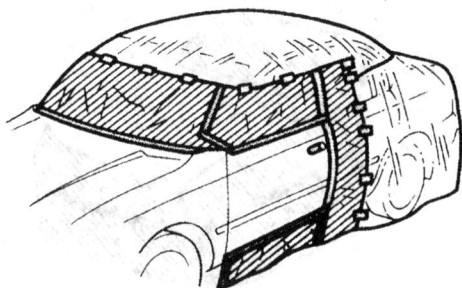

图 2-75　门槛的遮盖

② 在邻近翼子板的门槛区域，向下压遮盖纸，一定不能让它翘起，如图 2-76 所示。

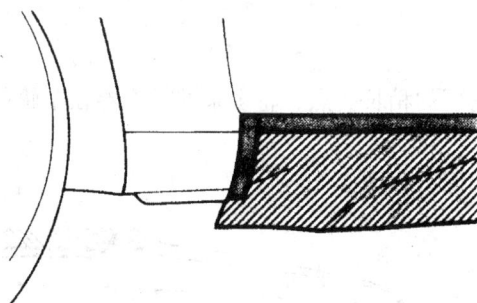

图 2-76　门槛邻近翼子板处需压实

13．右前翼子板底部

① 遮盖翼子板的底部的遮光区域。

当粘贴遮盖纸时，要留大约 10 mm 的宽度不贴住，以便以后规定边界。

将遮盖纸延伸至车轮罩的周围和里面。

② 用遮盖胶带向下压住摇轴附近翘起来的遮盖纸。

③ 使用遮盖胶带，规定遮光区域的边界，如图 2-77 所示。

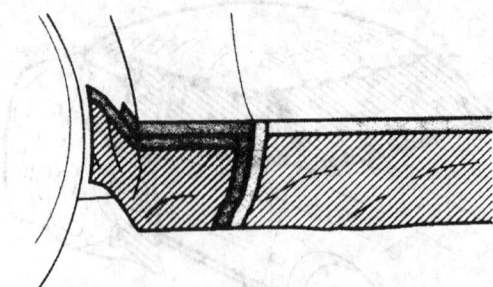

图 2-77　翼子板底部的遮盖

14．汽车前底部

① 将遮盖纸贴至汽车的底部。

用遮盖胶带接好遮盖纸的缝隙，如图 2-78 所示。

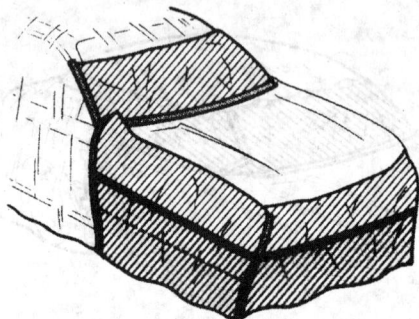

图 2-78　将遮盖纸贴至汽车的底部

② 在翼子板上安装保险杠的区域，将遮盖纸贴至示宽灯所贴的胶带上。

15．车轮罩里面

① 遮盖车轮罩的里面。

遮盖纸要切得比实际需要的稍长一点，将多余的长度卷在车轮罩的周围和里面。

② 安放轮胎罩。

一定要将轮胎罩安放牢固，如图 2-79 所示。

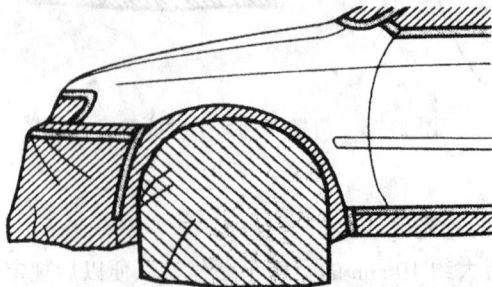

图 2-79　轮胎的遮盖

16．工作完成

遮盖完成后如图 2-80 所示。

图 2-80　遮盖完成

综合评价（考核）

序号	能力点	掌握情况		序号	能力点	掌握情况	
1	发动机室	□是	□否	7	汽车后部	□是	□否
2	前车灯	□是	□否	8	前挡风玻璃	□是	□否
3	右前翼子板	□是	□否	9	后门	□是	□否
4	发动机罩后端	□是	□否	10	门槛	□是	□否
5	前车身立柱	□是	□否	11	右前翼子板底部	□是	□否
6	前门	□是	□否	12	车轮罩里面	□是	□否

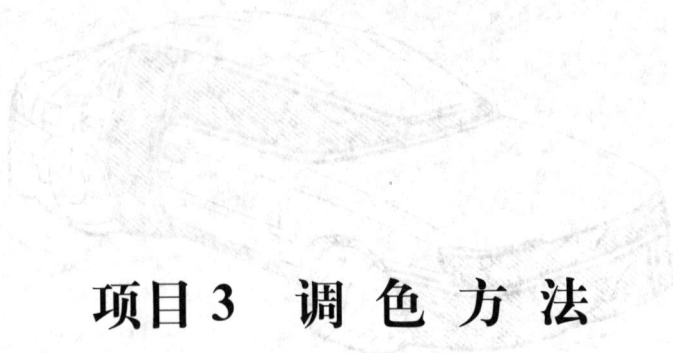

项目 3 调 色 方 法

引言

在汽车工业中大约使用 20 000 种以上的颜色，不容质疑，匹配颜色是喷漆时必须克服的最大障碍。这些颜色的大多数来自约 30 个不同的颜色族，这些不同族的颜色是由 3 个基本颜色（蓝、红和黄），加入白、黑、金属色、云母和珍珠制成。

在涂装技术的领域中，最困难、最关键的一环就是调色。而学好调色技术关键在于对涂料色母具有深刻的了解，如色母的混合性、遮盖力以及浓度、耐候性、透明度等特殊性。不仅要调出正确的颜色，同时在越短的时间内调出适当的量越好。掌握色漆调色技术，是一个边实践、边体会、边总结提高的过程。

学习目标

- 能够叙述汽车油漆调色匹配的基本原理。
- 了解光源色和环境色对物体色的影响。
- 掌握物体颜色三属性的差别，并能分析三属性的区别与联系。
- 能进行素色漆的调配。
- 能进行金属漆的调配。
- 能进行珍珠漆的调配。

任务 1 素色漆调漆

任务描述

一辆漆面受损的汽车，需要进行漆面修补。在进行腻子作业前，根据损伤情况，按照操作规范对损伤的作业表面进行处理。

任务分析

素色漆计量及精细配色程序，如图 3-1 所示。

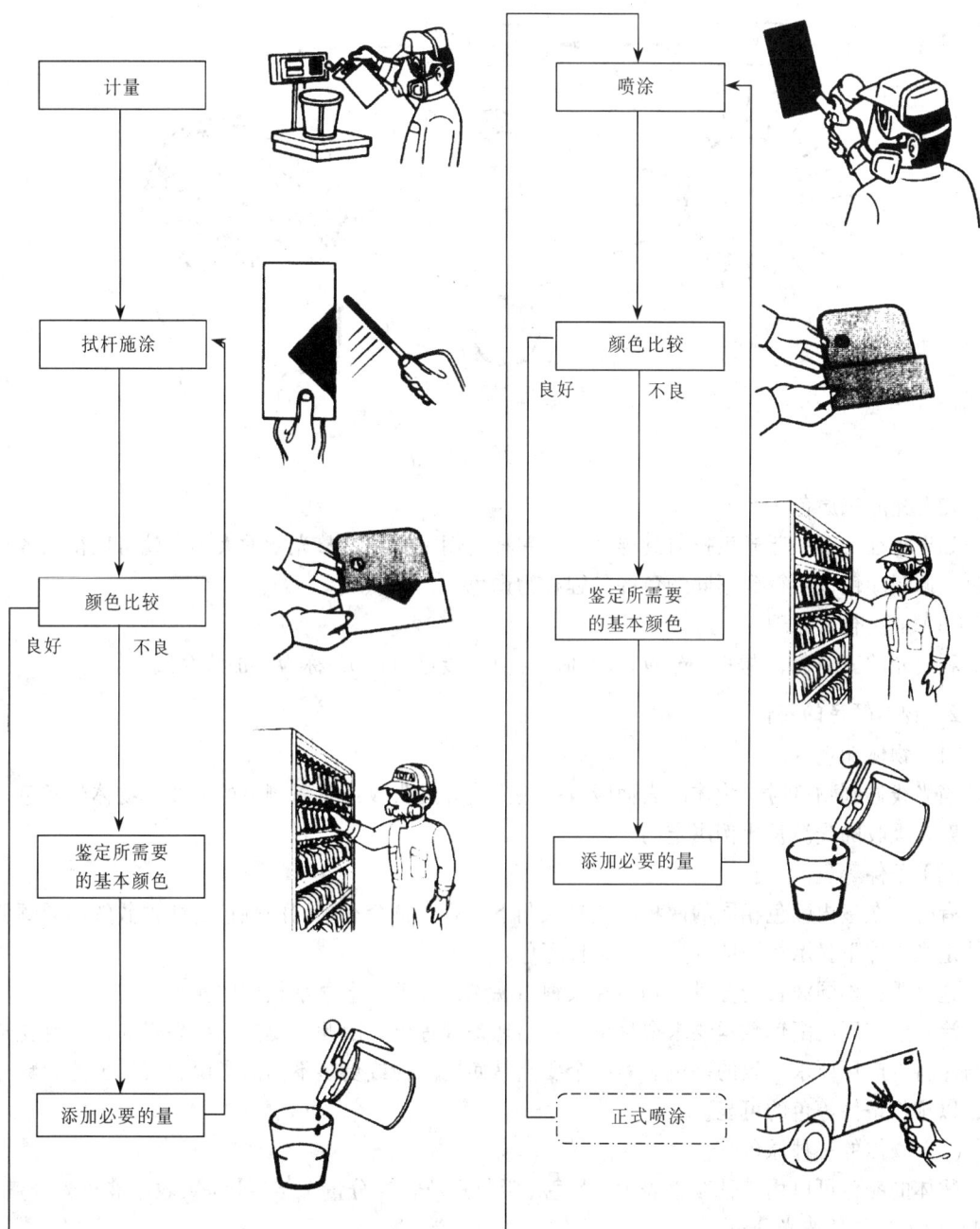

图 3-1　素色漆调色程序

相关知识

1．色感原理

（1）人如何感觉颜料

色感就是光线进入眼中产生的感觉，人是在眼睛受到光的刺激，大脑对刺激产生反应时感觉到颜色，如图 3-2 所示。

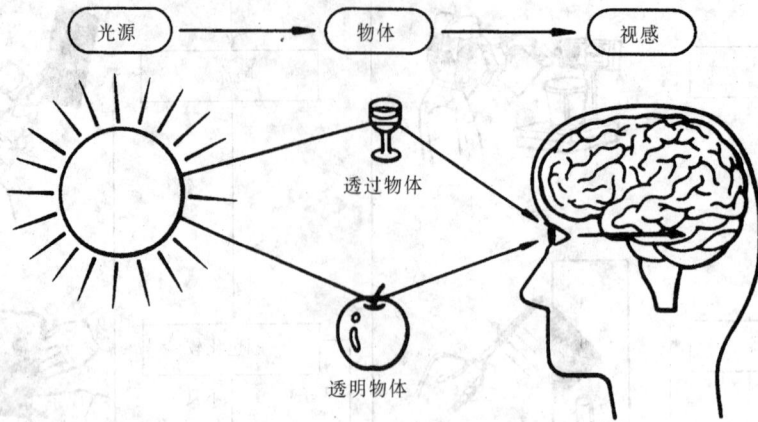

图 3-2　颜色的产生

（2）光的三原色

如果将红、绿和蓝光束投射到屏幕上，并将它们重叠和调整光量的大小，就可以得到各种颜色。调制颜色以便得到不同颜色的过程称为调色。

（3）加法合成原理

利用光的三原色，调和色分量，增加混合值（接近白色），称为"加法合成"。

2. 物体颜色的特性

（1）物体颜色

当光线遇到物体时，物体的表面吸收一些光线并且吸收或反射剩余的光线。物体的颜色是由反射和吸收的光波长比例决定的。

（2）条件等色

有时，在室内颜色相同的两种颜色在太阳下观看时将会有不同的颜色。两种截然不同颜色在特定光条件下显示相同的现象称为条件等色。

这表明有不同波长光分量的物体在某种出现光条件下也会显示相同的颜色。

涂料生产厂的配色数据要求要尽量避免出现条件等色。因此，要想调出理想的色，就要选择与涂料生产厂要求一致的基色。另一个要点是使用两种或更多不同的光源比较给出的涂料样品，以排除条件等色的可能。

（3）物体的三种原色

物体的颜色可以用三种颜色表示：黄色（吸收短波长光分量）、红-紫（吸收中波长光分量）和蓝-绿（吸收长波光分量）。

涂料和颜料就是通过将这三种主要颜色相混合生产出来的。

（4）颜色的三种属性

看一个颜色会同时收到三种信息。收到的第一种信息是颜色的类型。我们可以判断给出的颜色是红或蓝。收到的第二种信息是亮度，我们看红色物体时，能够判断它是亮红或暗红。收到的第三种信息是颜色的饱和度。给出亮度的红色物体既可能是暗淡的不饱和红色，也可能是生动的红色。颜色的类型称为色相，颜色亮度称为色值，颜色的饱和度称为彩度。这些称为颜色的三种属性，并且这些属性相互独立，可以各自评价给出的属性，将两种颜色区分开。同样，如果两种颜色在色相和色上一样，只有色值不同，才可将颜色区分开。

这样的颜色感应是三维的，不是由像长度和重量那样的单一物理坐标衡量。所有这些属性，色相、彩度和色值可以无限地变化。色相是一个连续变化的属性，可以从彩虹的光谱看到。

① 色相：大多数人都认为树叶的颜色是绿色，海的颜色是蓝色。虽然细看之下，百合花植物的叶子的颜色不同于郁金香的颜色，但是这些颜色一般均认为是绿色。几乎没有人会坚持，这些叶子是红色或黄色。

我们可按此方式将颜色分类的属性称为"色相"。

② 明度：红色可以是灭火器般的鲜红色或是苹果般的暗红色。当观察周围物体的颜色时会发现，即使它们的色相可能相同，但是其亮度是不同的。

我们借以按亮度将颜色分类的属性称为"明度"。

③ 色度：尽管柠檬和梨的色相和明度相同，但是柠檬的颜色比梨的颜色明亮得多。我们借以按颜色的明亮度而不考虑色相和明度来将颜色分类的属性称为"色度"。但是，并非所有的颜色均兼有这三种属性。

白、灰或黑等颜色没有色相或色度，称为"无彩色"。相反，具有所有这三种属性的颜色称为"彩色的"。

3．配色的三个原则

两种色彩只有当其色调、明度及彩度（饱和度）三者都相同时，这两种颜色才相同，否则其中一个特性不同，这两种色彩也不相同。

（1）调整色相

如用红、黄、蓝三种色按一定比例混合可获得不同的中间色，中间色与中间色混合，或中间色与三原色红、黄、蓝其中一种混合又可得到复色，通过颜色的拼色来改变颜色的色调。

（2）调整明度

在显色的基础上，加入白色将原来的颜色冲淡，就可以得到饱和度不同的彩色（即深浅不同的颜色）；加入不等量的黑色，就可以得到明度不同的各种颜色，如在大红中加入白色得到浅红、粉红；将铁红加黑得紫棕色；白色加黑色得不同的灰色。

（3）调整彩度

在显色的基础上，加入不等量的原色可以获得不同彩度的色调，如在浅红中加入不等量的红色得到大红、深红。在浅黄中加入不等量的黄色可得到中黄、大黄、深黄。

将上述配色原则组合应用，即可在某一颜色的基础上改变其色调、明度和彩度，就可以调配出各种颜色来。

4．调色步骤和方法

由于涂料的显色是相减成色（反射光成色），较之光源色的相加成色复杂，加之颜料的色调、明度、饱和度指标不同，着色力、浮色程度又不同，因此调色操作是一个复杂的过程，要求少加多看，不可盲目急躁。

（1）调色注意七事项

具体来说，遵循以下方法就能避免因为色母材料与环境方面的原因造成色差，满足色母与调色方面的质量要求，达到较好的调色效果。

① 每天上午、下午开始调漆时，必须搅拌 15 min 方可配漆。

② 更换任何色母必须先用调漆尺彻底搅拌均匀，方可再放置搅拌机上搅拌。

③ 任何手工微调应尽可能选用配方上或已加入的色母，色母加入越多，颜色越浑浊。

④ 个别金属漆、珍珠漆微调难度较大，建议使用驳口工序，以免浪费时间。

⑤ 尽可能在白天光线充足之处调色，在不同角度下比色，但要避免阳光直射。

⑥ 要有选择正确色母的观念，尽量选择与样板接近的色母来调配。

⑦ 要有颜料与调合树脂的正确比例观念，不能随便添加或减少，树脂多了会使遮盖力变差。

（2）调色基本步骤与方法

① 首先了解欲配制标准颜色样板的色调范围是由哪几种色母组成的，哪种是主色，哪种是副色，色与色之间关系如何，各占多大比例，做到心中有数。例如：

● 红色有偏黄的红（橙红）与偏蓝紫的红色（紫红）。

在调配橙红颜色时，可选用以大红为主加少量的中黄；也可选择以橙黄为主加少量大红。

在调配紫红颜色时，可选用大红加白色母，不够紫红时再加少量蓝色母。注意，红色加白色与加黑色会朝紫方向发展，同时变浅或变深。

● 黄色，有偏红的黄，有偏青的黄。

调偏红的黄选用以中黄为主色，加入橙黄或铁红等红色母为副色；加少量黑、白色母调深浅。

偏青的黄色选用柠黄等青口黄为主色母，加入少量的中黄（中黄带红光），再加入少量的黑、白色母调整深浅。

● 蓝色有偏青绿的蓝与偏红紫的蓝。

调配青蓝色可选用标准蓝加白色母（先调浅）再加入少量的青口黄色母调色相（变绿相）。

调配偏红的蓝色时，可选用标准蓝或群青加少量的紫红色母，同时可加黑白色母调整深浅。

② 在有效搅拌下，缓缓加入各个色母，本着先调深浅，后调色相的原则细心调配，最好不要先调色调，因为深浅不一致时色调很难比较。

③ 调色要点如下：

● 调配时，本着"先调深浅，后调色相"的原则；先加入主色母再加入副色母的方法细心调配，同时要搅拌均匀。每次加料应比估计量少加些，特别是接近所要求的颜色时更要仔细控制加入量，避免颜色过头。

● 调色时要注意各种色母颜色之间的相生相克（红+黄=橙、红+蓝=紫、黄+蓝=绿，此为相生；偏红加绿、偏黄加蓝、少红偏绿、少黄偏蓝，此为相克）。

● 在保证颜色符合要求的前提下，所使用的色母品种应尽量少，油漆涂膜成色是相减混合成色的原理，加入的颜色品种越多，吸收的光量越多，颜色的明度越低，色彩越晦暗。

● 从湿膜到漆膜基本定膜的过程中，颜料的上浮和下沉对涂膜的影响较大，所以制板后，必须放置几分钟后才能观察涂膜颜色。

④ 对色要点如下：

● 对色时，由于标准板等放置的时间较长，颜色会显得灰暗，与漆样涂膜对比时宜将标准板用清水浸湿后再行比色。

● 用所调的色漆样板与原车颜色标准板比色时应左右、上下、平立反复对比，避免人为的视觉误差，特别是光线较暗时辨别是应加蓝还是应加黑时（浓度不够时加蓝，不够深时加黑）更应认真仔细摸索出辨别的依据。

- 观察涂膜时一定要选择明亮处的漫射日光（不能阳光直射），并注意比色场所周围没有强烈的物体颜色光反射干扰（反色）。

⑤ 颜色修正根据色漆颜色与原车样板颜色对比时的颜色偏向，按调色技巧与方法进行修正。

任务实施

1. 调色之前的准备工作

（1）确定比色样板

因为有的汽车原厂漆已褪色，有的汽车已喷过其他的颜色；在确定修补部位的颜色样板之前，一定要清洗、抛光，去除汽车旧面漆上的粉尘和氧化层，最好将样板色与汽车本身的颜色对比一下，找到比较统一的颜色作为调色样板。或根据驾驶员要求指定汽车的某部位作为调色样板。

（2）确定汽车漆面属性

确定汽车漆面属性，根据属性选用 1K 或 2K 色母。

① 属性测定方法如下：

目测法根据漆面光泽亮度确定是单工序还是双工序。金属漆都采用双工序工艺，白珍珠漆采用三工序工艺。双工序因为喷了清漆，漆面显得光亮丰满。单工序选用 2K 色母；双工序选用 1K 色母。

如果用目测法不能确定，则用粘有稀释剂的白布成 S 形摩擦漆膜，观察漆膜的溶解程度，如溶解并在布上留下印迹，则是单工序 2K 漆，如没有溶解则是双工序双组分漆选用 1K 色母。或者用砂纸轻轻打磨，在砂纸上留下漆膜颜色的是单工序 2K 漆；没有就是双工序双组分漆。

② 金属漆、珍珠漆的区分如下：

- 素色漆不含金属颜料。与金属漆、珍珠漆相对比，一看即分得出。
- 金属漆是白色的薄片，比珍珠漆的颗粒要粗，金属感强。
- 珍珠漆比金属漆鲜艳，有多种颜色，而金属漆只有颗粒粗细与普通银、闪银的变化。

2. 色母走向分析

在调配颜色时应根据所使用色母厂家的色母走向分析图调配。

① 熟悉色母色相，正侧面表现，银粉色母与珍珠色母注意颗粒粗细。

② 了解色母的色光偏向，每种色母的色光均可向两个方向发展。红色系列的色相可以表现偏黄或偏蓝（紫）。

黄色系列的色相可以表现偏绿或偏红的颜色。

蓝色系列的色相可以表现偏绿（黄）或偏紫（红）的颜色。绿色系列的色相可以表现偏黄或偏蓝的颜色。

紫色系列的色相可以表现偏蓝或偏红（有紫蓝和紫红）。金色、橙色、棕色的色相可以表现偏黄或偏红的颜色。

白色、灰色、黑色是可以向任意颜色转向的颜色。

在调色时，要注意色光的配合，如用蓝色和黄色调一个绿色，应选用如绿相蓝与艳黄或柠檬黄。因为绿相蓝带绿光，艳黄或柠檬黄带黄光。

③ 了解各色母的遮盖力。

根据遮盖力不同，所有的色母可以分成三大类：

- 遮盖力好的色母：银粉、白色、黑色、中黄、柠檬黄、橙红、橙黄、红珍珠、古铜珍珠。
- 遮盖力较差的色母：珍珠系列、艳黄、鲜红、紫红、玫瑰红。
- 明色母：透明红、发红蓝、标准蓝、霜雪蓝、绿色、紫色、透明黄、粟红、深红。

此类颜色遮盖力差，但着色力很强，只要添加少量的黑色、白色，遮盖力会非常好。

3．手工调色步骤与方法

在无计算机配方时，只能采用手工调配汽车修补漆。

（1）手工调色步骤

① 表面处理：进行清洁、抛光（呈现原来的面貌）。

② 配方分析：确定好油漆属性，选用 1K 色母或 2K 色母后，分析主色、副色；分析三属性（明暗、色调、清浊）。通俗讲则是看颜色深浅，看色光偏向，再看颜色鲜艳还是灰浊。银粉珍珠漆要正面侧面做比较分析；考虑颗粒的粗细及数量。

③ 确定色母：根据分析，选择与样板颜色相同或相近的色母，或根据拼色规律选出主色母、副色母，确定色相范围，做到心中有数。

④ 调配：先取少量油漆来配比并有效搅拌，如对色母的颜色效果掌握未纯熟时，建议先用调漆尺蘸上一些油漆，然后在调漆尺上加入一点准备加入的微调色母，看其效果，如不行则改用其他色母，这样可避免调漆中加入不合适的色母。当调出来的颜色与样板相似后再根据需要用量按比例扩大，一旦颜色调到非常接近时，就应结束调色程序。

（2）手工调色方法

① 调色思路：明度调整（深浅度），色相调整（颜色转向），彩度调整（灰度）。

② 具体方法如下：

a．明度（深浅度）的调整。

- 当色漆比车色深时应加入主要的浅色或白色或银粉来冲淡稀释。
- 当色漆比车色浅时要会判断：车色显得又深又浓，还是又深又浊。如果是又深又浓，则加入主色色母；如果是又深又浊，可适当加入黑色。
- 注意有时颜色的浑浊往往被看做是颜色深浅，这是灰度的因素。正确区分深浓或深浊，可以帮助我们做出正确选择。

b．色相调整：根据拼色规律调整；加入色母或减少色母，一次只针对一个变量做调整，最重要的是色母色光走向的正确。例如：

- 调黄色不够红时，可加一点橙黄或橙红或大红。
- 调蓝色不够绿时，可加一点艳黄或柠檬黄。
- 调红色不够紫时，可加一点紫蓝色或紫红、玫瑰红、深红（在红色中加黑与白也会变紫，但同时会变深或变浅）。

c．灰度调整（彩度）。

- 当色漆比车色显鲜艳时，加入少量黑色或白色使颜色变浊（注：黑色的加入同时会使颜色变深，加入白色母变浅变浑浊）。
- 当色漆比车色浑浊时，首先加浅色或银粉将原色冲淡，再加入主色母；其次只能放弃然后重新开始。颜色由浑浊变清澈基本上是不可能的。

4．常用素色漆的调整

（1）调红色

大红或艳红作为主色，用紫红、枣红和橙红来平衡色相的偏离，用白色和黑色来调整其明度。在汽车漆面修补的过程中常见的红色有 QQ 红、波罗红、夏利红等。

实践的具体过程为：

① 确定颜色样板之主色，初步分析其颜色配方。从备用色母中找出一个或两个与样板色最近的色母作为主色母。选用的主色母彩度必须比样板彩度高。在调汽车修补漆时，红色系列的主色母一般选用大红或艳红。

② 确定平衡色相之色母。根据颜色色相的偏向特性可知，红色只会向其临近色去偏，即橙色和紫红色。这样，在选择其色相平衡色母时，最好选择橙色系列和紫红色系列的色母。

③ 选择调整明度的色母。在素色漆的调色过程中，调其明度一般选用黑漆和白漆。黑漆使明度下降，白漆使明度上升。在这里值得注意的是，红漆一般都很鲜艳，加入黑漆和白漆时一定要谨慎。另外，互补色漆的相互使用也会降低明度，会让被调的漆变得很暗。例如，红漆中加入绿漆，会使红漆变得很脏、很暗。

④ 开始试调。先将少量的主色母加入调漆杯，再相应加入适量平衡色母。白漆或黑漆的使用一定要谨慎，否则会使油漆的纯度下降得太多。注意，调漆杯里的漆不是一次加入的，而是根据颜色三个属性的调整过程多次加入。直到相差无几时，进行试板与样板比较，如果非常相似可以结束试调；如果很难与样板色接近，说明色母选择有问题要重新来调。

⑤ 按要求的量调漆。按第 4 步所调的比例调出客户需求的量。

（2）调黄色

柠檬黄或中黄作为主色，用绿色和橙红来平衡色相的偏离，用白色和黑色来调整其明度。在汽车漆面修补的过程中常见的黄色有 QQ 黄、波罗黄、夏利黄等。

实践的具体过程为：

① 确定颜色样板的主色，初步分析其颜色配方。从备用色母中找出一个或两个与样板色最近的色母，作为主色母。选用的主色母彩度必须比样板彩度高。在调汽车修补漆时，黄色系列的主色母一般选用浅柠檬黄或深柠檬黄。

② 确定平衡色相之色母。根据颜色色相的偏向特性可知，黄色只会向其临近色去偏，即橙色和绿色。这样，在选择其色相平衡色母时，最好选择橙色系列和绿色系列的色母。

③ 选择调整明度的色母。在素色漆的调色过程中，调其明度一般选用黑漆和白漆。黑漆使明度下降，白漆使明度上升。互补色漆的相互使用也会降低明度，同时被调的漆变得很暗，因而互补色的使用一定要小心。

④ 先将少量的主色母加入调漆杯，再相应加入适量平衡色母和调明度的白漆或黑漆。平衡色相色母与调明度色母要视彩度、明度和色相而控制用量。注意，调漆杯里的漆不是一次加入的，而是根据颜色三个属性的调整过程多次加入。直到相差无几时，进行试板与样板比较。如果非常相似可以结束试调，如果很难与样板色接近说明色母选择有问题要重新来调。

⑤ 结束调漆。按第 4 步所调的比例调出客户需求的量，调漆结束。

（3）调蓝色

通蓝作为主色，用绿色和紫色来平衡色相的偏离，用白色和黑色来调整其明度。现在轿车使用素色蓝不是很多，常见的蓝色有奇瑞的宝石蓝、吉利的温莎蓝等。

实践的具体过程为：

① 确定颜色样板主色，初步分析其颜色配方。这个颜色一般选用通蓝或紫相兰作为主色母。主色母一般比样板更兰，因而在调漆过程中先往兰漆里加入适量白漆，让其明度与样板接近，之后再考虑平衡色母的使用。

② 确定平衡色相之色母。根据颜色色相的偏向特性可知，蓝色只会向其临近色去偏，即紫色和绿色。这样，在选择其色相平衡色母时，最好选择紫色系列和绿色系列的色母。当样板偏紫时，要多选紫色；当样板偏绿色时，要多选绿色。

③ 选择调整明度的色母。在蓝色漆的调色过程中，调其明度仍然选用黑漆和白漆。黑漆使明度下降，白漆使明度上升。

④ 开始试调。先将少量的主色母加入调漆杯，再相应加入适量白漆，使杯中的漆在明度上与样板接近，这样就比较容易判断平衡色相色母的用量。注意，调漆杯里的漆不是一次加入的，而是根据颜色三个属性的调整过程多次加入。直到相差无几时，进行试板与样板比较，如果非常相似可以结束试调，如果很难与样板色接近说明色母选择有问题要重新来调。

⑤ 结调漆。按第 4 步所调的比例调出客户需求的量，调漆结束。

（4）调绿色

通绿色作为主色，用黄色和蓝色来平衡色相的偏离，用白色和黑色来调整其明度。在汽车漆面修补的过程中常见的绿色有 QQ 苹果绿、雪铁龙翠绿、夏利清朗绿等。

实践的具体过程为：

① 确定颜色样板的主色，初步分析其颜色配方。调绿色漆时选主色母有两种方法，一种是直接选用通绿作为主色母，另一种是选用柠檬黄和通蓝来调主色。至于用哪种方法要看哪一种更方便，效果上没有太大的差别。

② 确定平衡色相之色母。如果在选用主色时，直接选用通绿，那么平衡色要选黄色和蓝色。如果主色是选用黄色和蓝色来调，平衡色可以不用选，因为样板上的绿本身就在黄色与蓝色之间。

③ 选择调整明度的色母。对于绿色的素色漆调色过程中，调其明度仍然选用黑漆和白漆。黑漆使明度下降，白漆使明度上升。

④ 开始试调。当主色选择通绿时，在开始调漆时首先要将绿色母用一定量的白漆调明，以便观察色相的偏向。如果发现偏蓝，那就加点黄，如果偏黄，那就加点绿。当然，在整个调漆过程中要注意明度的变化，适时适量地加入白漆或黑漆。如果所选的主色是蓝和黄来调制，那就用这两种颜色来实现色相的调整，用黑和白实现明度的调整。注意，调漆杯里的漆不是一次加入的，而是根据颜色三个属性的调整过程多次加入。直到相差无几时，进行试板与样板比较，如果非常相似可以结束试调，如果很难与样板色接近说明色母选择有问题要重新来调。

⑤ 按要求的量调漆。按第 4 步所调的比例调出客户需求的量，调漆结束。

综合评价（考核）

序号	能力点	掌握情况	序号	能力点	掌握情况
1	确定原漆面属性	□是 □否	5	彩度调整	□是 □否
2	所用色母系列特性分析	□是 □否	6	试板刮涂方法	□是 □否
3	明度调整	□是 □否	7	颜色比对方法	□是 □否
4	色相调整	□是 □否	8	油漆用量合理	□是 □否

任务 2 金属漆的调色

任务描述

一辆汽车原车使用的金属漆，现要进行修补喷涂，按原车颜色调漆。

任务分析

金属漆的调色既要观察正侧面颜色的变化，也要注意闪烁程度（银粉粗细），同时还要考虑喷涂手法对颜色效果的影响。

相关知识

1. 金属漆调色五要点

① 调金属漆时，加银粉会使漆色浅，加色母会深，并改变色相。

② 调金属漆时，若使用透明性色母微调时，能使侧面变深、变暗，而使正面变亮、变鲜艳；若使用不透明性色母则能使侧面变浅、变白，同时使正面的鲜艳度较低。

③ 调金属漆要考虑到色母的遮盖力。

④ 对色时，将试板与修补部位在同一平面上，需同时以 90° 正角和 45° 侧角来对色，区别正面、侧面的色调差异，而且颜色要比样板深一些，因为金属漆漆膜干后颜色会浅一些。

⑤ 清漆会稍微改变漆层的颜色，从正面看时其明度会降低变深。

2. 观察颜色的方法

（1）素色漆

素色漆（纯色面漆）的变化不大，调出来后，用白纸片刮一个样板与色板观察比较。

（2）金属漆

因为金属漆正面侧面都要调，对色方法有：

① 用调漆尺搅拌时迅速提起比较。

② 可将漆点于车身后对色，观察颜色是否与车身一致。

③ 用喷涂法，喷涂法的准确度最高。喷涂试板，和车身原色比对。

（3）正面对色和侧面对色

正面是指目光以 90°正角正视色板，主要是对准面色调。侧面是指目光斜视色板，以 45° 侧角来对色，主要是对准底色调。

（4）调色中比色注意事项

① 以在自然光下比色为最终标准。

② 两者面积不宜差异过大，特别是一方面积不宜过小，最小面积应不小于 5 cm×5 cm（用刮灰钢片很合适）。

③ 两者观察角度一致，放置平面一致。

④ 不宜用曲面比较。

⑤ 尽量在无色彩环境中比色，避免周围环境反色。

⑥ 注意两者光泽的差异、磨伤程度及清洁度的影响，必要时清洁表面后抛光处理。

（5）金属漆颜色比较

颜色比较最基本的是在有自然光的地方，不要直接在阳光下，但是颜色比较必须在有直接阳光的地方完成。由于金属采用了当涂层见光时产生某些特性的闪光颜料，如果颜料比较在室内进行，要使用有助于确定漆的珠光的调色灯，而不是荧光灯，必须从每个可能的角度进行金属漆的颜色比较。因为金属漆会因光源的方向、眼睛的位置和观察角度显示不同的颜色。

比较颜色时，要注意的几点是：颜色是否太深或太浅、太亮或太暗、饱和或模糊、铝颗粒的大小是否均匀、珠光色闪光是否有差别等。

需要注意，金属漆上涂的清漆也改变涂层的颜色。颜色深的比颜色浅的变化大，涂上清漆的颜色变深且更生动。因此，金属漆的颜色比较必须在涂上清漆时进行。

（6）闪光

一些涂层随观察角度或方向而显示不同颜色，这种现象称为"闪光"，金属漆根据使用的颜色呈现变化的闪光程度。

在调色时，利用两种方法调整涂层的闪光状况。

① 通过改变喷涂条件调整：通过改变喷涂条件，改变金属漆中光亮颜料（如铝粉）的结构，使颜色变化。

以金属色为例，金属色中的金属颜料通常由片状的铝粉组成，涂层 A 中的铝粉排列有规律，而涂层 B 的铝粉排列无规律，如图 3-3 所示。

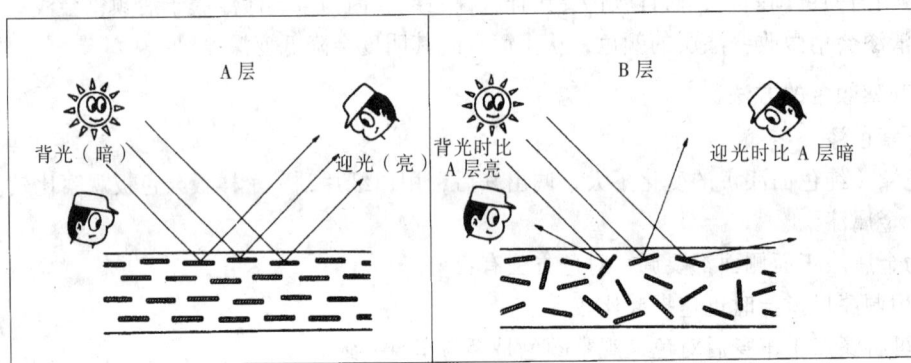

图 3-3　铝粉排列对颜色的影响

由于涂层 A 的铝粉排列很好，直接观察时反射光线强，涂层 A 光亮。间接观察时，由于实际上无光线反射，显得暗。

由于涂层 B 的铝粉排列不均匀，直接观察时反射光线少，涂层 B 看起来暗，间接观察时，由于有些反射，涂层 B 比涂层 A 更光亮。

喷涂条件的改变对颜色的影响如表 3-1 所示。

用这种方法根据光亮颜料的排列方式改变金属闪光，就实际喷涂条件而言，干涂层与涂层 A 较接近，湿涂层与涂层 B 较接近，下面概述由于喷涂条件而引起的颜色变化。

根据经验，金属漆随喷枪状况改变颜色，因此给实际汽车喷涂时，要保持喷枪状况不变。

② 用添加剂调整，一般有两种添加剂，如下所述：

添加剂 A：使铝粉的反射在直接观察时大且黑。

添加剂 B：使铝粉的反射在间接观察时白。

添加剂 A 的加法：将大量的像清漆的物质加入涂料中，扩大铝颜料之间的间隙，这样使铝粉网增大（扩大间隙，减少反射光的数量，使涂层变黑）。

表 3-1　喷涂条件和颜色的关系

喷涂条件	A 层 直接观察：亮 间接观察：暗	B 层 直接观察：暗 间接观察：亮
稀料量	大	小
稀料选择	快干稀料	慢干稀料
喷涂量	小	大
空气压力	高	低
喷枪距离	远	近
行程速度	快	慢
喷幅间的遮幅	不频繁	频繁
喷嘴大小	小	大
层向静置时间	长	短

任务实施

1. 金属漆调色五步骤

（1）选定银粉

分析银粉的目视粗细、数量，是普通银还是闪银。粗细与排列有关，可以通过加入银粉控色剂来调整排列，从而影响目视粗细。粗细与白度也有关系，白度越高，目视越粗。闪银比普通银粉正面亮白、堆聚，侧面更暗。银粉色母选择以两种搭配为好。

（2）色相分析

从正面、侧面观察色相表现，正面是深还是浅；侧面比正面是深还是浅；色相是偏红、偏蓝、偏绿、偏黄、偏紫等；根据色母走向分析图选定主色，确定素色色母（注：选定素色色母以不超过 4 种为好）。

（3）调色

先加入银粉到调漆杯，再根据色相加入素色色母。每次比估计的少加些并有效搅拌。用调漆尺在搅拌时迅速拉起，即可与原色板进行颜色对比。再根据调色方法与技巧进行细心调配修正。

（4）喷板比色

由于金属漆正侧面显色差异大，为了获得准确的颜色，当色漆调配进行到用调漆尺比色接近时，应模拟汽车油漆涂装的环境进行试喷板比色。

（5）颜色修正

根据试板的颜色偏向表现、调色方法与技巧进行修正，直至试喷板的正侧面与车身正侧表现一致、用肉眼看不出明显差异时，果断结束调色工作。

2. 金属漆调色技巧

（1）调色方法与原则

浅银、灰银、蓝银、绿银、金黄银和红银等金属漆在调配过程中根据色母走向先调深浅，再调色相；以调整正面色相为主，兼顾侧面色相；兼顾银粉色母颗粒的大小，数量是否接近的原则来调整。

（2）明度调整的方法

加入黑色可使其变深，加入银粉、珍珠变浅，避免高浓度的白色母使用。加白色母使正面变浑浊，侧面变浅变白。调整正侧面时，有以下几个技巧：

① 正侧面两个角度都太暗时（或深时）需加银粉冲淡，减少色母用量。

② 正侧面两个角度都太亮时（浅了）需等比例加入其他色母，减少银粉量。

③ 正面太亮、侧面太暗时可以用幼银粉（正面深侧面浅）取代粗（正面亮侧面暗）的银粉，或加入银粉控制剂，可使正面变深，侧面变浅变亮，银粉会变得较粗；加入白色时，正面较浊，侧面较亮，银粉会变得较细（白色遮盖力强，压抑银粉反光）。

④ 正面较暗、侧面太亮时可以用粗的银粉取代较细的银粉，或减少银粉控色剂，使正面变清，侧面变暗，银粉会变得较细一点；减少白色使正面较清，侧面较暗，银粉会变得较粗一点。

（3）注意事项

喷涂操作对银粉颜色明度有很大的影响：

① 稀释剂干得慢时颜色较暗；干得快时颜色则较亮。

② 气压不足时颜色较暗；气压太强时颜色则较亮。

③ 喷涂距离太近时颜色较暗；喷涂太远时颜色则较亮。

④ 喷涂太湿时颜色较暗；喷涂太干时颜色则较亮。

（4）色相调整方法

① 白银：因为白色金属漆主要色母是银粉，只要正确区分是普通银还是闪银，是粗银还是细银即可。色相调整主要是调整正侧面色光偏向。当金属漆正侧面偏黄时，根据色母走向分析图选用棕黄、透明黄、柠黄等。

偏红根据色母走向分析图选用棕红、栗红、酱红、紫红、深红等。偏绿根据色母走向分析图选用通绿或黄相绿或根据拼色规律选择相应蓝色母与黄色母来调配。

偏蓝根据色母走向分析图选用通蓝或发红蓝、群青、绿相蓝等。

② 蓝银、绿银、金黄银、红银等色相调整方法。此类金属漆中银粉数量只占一部分，且正侧面变化大。在调配时，根据正侧面表现可适量加入珍珠色母来调配色相与鲜艳度。

金黄银：把握好银粉数量，根据色母走向分析图选用棕黄、透明黄、棕红、酱红、栗红或加入黄珍珠、金珍珠等。

香槟银：把握好银粉数量，根据色母走向分析图选用棕黄、透明黄、棕红、栗红、酱红等。

红银：把握好银粉数量，根据色母走向分析图选用棕红、栗红、酱红、紫红、玫瑰红、深红等，或加入红珍珠。

绿银：把握好银粉数量，根据色母走向分析图选用通绿或黄相绿或根据拼色规律选择相应蓝色母与黄色母来调配，也可以加入少量绿珍珠、蓝珍珠或黄珍珠。

蓝银：把握好银粉数量，根据色母走向分析图选用通蓝或发红蓝、群青或加入蓝珍珠等。

（5）彩度调整方法

可通过加入黑色母和银粉，主色与补色色母等方法调整，可以加入少量珍珠色母以增加其鲜艳度。

① 颜色太清澈要变浊一些时，可加黑色色母或用较幼的银粉取代较粗的银粉。

② 颜色太浊要变清澈一些时，可减少黑色色母或用较粗的银粉取代较幼的银粉。

③ 使用透明性色母，则能使正面变亮、变鲜艳；侧面变深、变暗。

④ 使用不透明性色母，则能使正面的鲜艳度降低，侧面变浅、变白。

3．金属漆侧光调浅的方法

在大多数情况下，通常所说的"银粉不够白"是因为银粉色母的侧面颜色相对车身较暗，从而感觉颜色整体发黑、不够白。将金属漆的颜色"整体调白"，实际上就是将金属漆的侧面调浅。

（1）加幼白珍珠或白珍珠

由于白珍珠的透明特性，光线在照射到上面时，会有大量的光线从侧面透射出来。在金属漆里面根据实际情况加入 5%～30%的透明白珍珠，会使金属漆的侧面透光量增大，从而使颜色看起来变白、变浅，银粉的颗粒变得细腻、顺滑。

在金属漆中加入白珍珠时，可能需要加入少量的正侧面控色剂来提高银粉的闪烁度。

在金属漆中加入白珍珠，会稍微改变银粉侧面的色相。相对而言，幼白珍珠会使侧面颜色向黄相偏移，白珍珠或粗白珍珠会使侧面颜色向蓝相偏移。如果想降低侧面的蓝相，可以加入极少量的透明黄；如果想降低侧面的黄相，可以加入极少量的群青。

（2）加正侧面控色剂。

在金属漆中加入 0%～10%的正侧面控色剂，会打乱银粉本来的均匀排列状态，使更多的光线射向漆膜的侧面，使金属漆整体看起来变白。就像调整镜子的角度，会使镜子的反光发生改变一样。控色剂加入越多，银粉的侧面就越浅，而且还会使银粉的颗粒翻转，看起来颗粒更粗，更具闪烁度与漂浮感。

（3）加 1K 白色

在金属漆里面加入白色，会明显提高银粉侧面的白度，但是最大的副作用就是会使银粉颜色整体浑浊、暗沉，压抑银粉的闪烁度。

此法一般不作为主要方法使用，但是有时候配合其他色母使用时却非常有效。

在银粉里面加入白漆要非常小心。一般不能超过 1%（个别颜色除外）。

（4）超幼白

超幼白实际上是一种颜料颗粒细度处于纳米级别的白色（在其他油漆品牌中又称霜雪蓝、霜白或变色龙等）。少量的超幼白加入银粉中，可以提高银粉的侧面白度，而且会使侧面带蓝相。加入超幼白不宜过量，否则会使银粉的正面出现金黄色相。

（5）选择合适的银粉型号

不同型号的银粉，其正侧面光感不同。一般来说，在相同颗粒度的情况下，闪银要比普通银粉的正面更亮，但是侧面会更暗。同种类型的银粉，颗粒越粗，正面越亮，但侧面会更暗。

（6）选择合适的搭配色母

对于与银粉搭配调色的素色色母而言，由于色母本身的深浅及侧光显色性的不同，所反映出来金属漆的侧面深浅也就不同。

4．常见金属漆的调色

（1）调灰银

灰银在轿车上使用是非常多的，调漆工必须掌握其调色的技术。在调灰银时，调漆工必须注意几个问题：银粉颗粒的大小；银粉是一般颗粒的，还是抛过光的；银粉中是否加入其他色漆。具体操作如下：

① 确定样板中银粉颗粒大小。银粉颗粒大小的确定可以在光线下看它的闪烁度，一般来说，越闪的颗粒越大。也可以结合看样板的正侧面明暗来判断，正面越明，侧面越暗的颗粒越大，反之，颗粒越小。在选择银粉色母时，一般选择与样板接近的两个色母，一个是颗粒稍大，一个是颗粒稍小一点，来实现对颗粒大小的调整。当然，银粉颗粒的大小，也受其他因素的影响。

② 确定样板中是否加入色漆。将选定的银粉色母与样板进行比较，如果样板比银粉黄或蓝或深，应该考虑选用泥黄、透明黄或通蓝或黑色母进行微调。这里值得注意的是，如果样板的黄是正面黄，侧面蓝，可能要选宝石白来实现这样的效果。

③ 金属漆进行微调。先将选定的银粉和相应的色漆按适当的量调好，用调漆尺与样板进行初步比较，如果差不多了就进行试喷，如与样板还有一定的差别要看清楚差在哪一方面。如果所调的漆与样板差别在颗粒大小，则要选用大颗粒或小颗粒的银粉做相应的调整。如果差别在正侧面的明暗，则要从银粉的颗粒、色漆的用量和控制剂的使用上进行综合考虑。

④ 结束调漆。进行微调之后，如果与样板非常接近，就可以结束调漆；如果还有明显的色差，要接着重复前面的步骤。

（2）调狼堡灰（自然旧）

这个颜色是最近几年流行起来的一个颜色，主要是在银粉里使用了大量的黑漆，使银粉看起来向氧化铁一样发暗。像大众的石墨黑、吉利的自然旧、东方之子的深灰银等都是这种色系，都是由银粉和黑漆为主色加入相应的其他色成形的。这种颜色在调漆时，具体操作如下：

① 确定样板中的颗粒。狼堡灰金属漆里的颗粒以银粉为主，当然也有一些加入了少量珍珠。因为珍珠量用得较少，而且一般是要达到一种特别的效果时才使用的，所以在确定这种漆的颗粒时主要考虑银粉的问题。

② 确立样板中的主要色漆。在这种金属漆中，如果只用银粉和黑漆来调成，颜色就显得很沉闷、很旧。因而，现在大多的自然旧的汽车除了选用了银粉与黑色，还用了其他的色漆。如有的发紫，有的发蓝，有的发绿，还有的发红。这就要求我们在调这种漆时一定要认真选好其里面用到的色漆。需要发蓝时就选通蓝或红相蓝，需要发绿时就要选绿相蓝或少量的通绿，需要发红、发紫时要选用紫红、棕红或适量透明红等。另外，这个颜色的漆还有一种特殊的情况，有一些车我们会看到，在阳光正反射方向来看，它有时带有一种黄光，而从另外一个方向看上去却是很蓝很深的一种情况，这时我们应该想到宝石白的使用。

③ 试调。如果初次调这个颜色的修补漆，有时很难控制银粉与黑漆的比例，另外色漆的选择和用量也不是很好把握，在这种情况下很有必要先试调一下。用一定量的银粉逐渐加入黑漆，当明度差不多时，开始调入相应的色漆，然后反复修正所用色母的用量，直到颜色接近时停止试调，并喷出样件与样板色相比较。如果调出来的与样板相差太远，说明色漆的选择和用量可能有误，要重新来选，直到调出与样板色非常相近为止。

④ 结束调漆。通过试调之后，初步掌握了这种漆的大概配方，根据配方调出客户所需的量。

（3）香槟金

这个颜色是前几年较流行的一个颜色，主要是在银粉里使用了一定量的泥黄或透明黄，使银粉看起来发黄，不像纯银粉看起来那么刺眼。像日产的骐达、富康、夏利等品牌的轿车均有这种色系。这种颜色在调漆时，具体操作如下：

① 确定样板中的颗粒。香槟金金属漆里的颗粒以银粉为主，当然也有一些加入了少量黄珍珠的。这样在确定颗粒时就和灰银中的调法差不多，主要考虑银粉的使用。具体方法同灰银。

② 确立样板中的主要色漆。在这种金属漆中，主要以银粉和透明黄为主基调，所以所用的色漆先选透明黄。另外，香槟金在色相的走向有时很黄，有时又很红，这样在选其平衡色母时要考虑到。当很黄时要考虑干涉金、透明柠檬黄和透明红的选用，当色相很红时要考虑透明红和透明棕的使用。

③ 试调。如果初次调这个颜色的修补漆，有时很难控制银粉与透明黄的比例，另外色漆的选择和用量也不是很好把握，在这种情况下很有必要先试调一下。用一定量的银粉逐渐加入透明黄，此时要注意黄色变化的方向，不要加待太多。当差不多时，开始调入其他相应的色漆，如果加入的色漆没有向既定目标走，要重新选定色漆。如此反复修正所用色母及其各自用量，直到颜色接近时喷涂试件与样板比较，色差在理想范围则停止试调。

④ 结束调漆。通过试调之后，初步掌握了这种漆的大概配方，根据配方调出客户所需的量。

（4）蓝银

蓝银是金属漆里看起来比较亮丽的一种颜色，主要是在银粉里使用了一定量的通蓝或红相蓝来实现，使银粉看起来很家庭化，不像纯银粉看起来那么死板。像斯柯达的晶锐、雪佛兰等品牌的轿车均有这种色系，而这种颜色也主要集中在中低档家庭用轿车。这种颜色在调漆时，具体操作如下：

① 确定样板中的颗粒。蓝色金属漆里的颗粒以银粉为主，有时为了让蓝显得更蓝，要适当加入了少量蓝珍珠，不过用得比较少。这样在确定颗粒时就和灰银中的调法差不多，主要考虑银粉的使用。具体方法同灰银。

② 确立样板中的主要色漆。在这种金属漆中，主要以银粉和红相蓝或通蓝为主基调，所以所用的色漆先选红相蓝或通蓝。另外蓝银在色相的走向有时很紫，有时又很绿，这样在选其平衡色母时要考虑到。当很紫时要考虑红相蓝、紫红和透明棕等的选用，当色相很绿时要考虑透明黄和透明红等的使用。有时这种蓝银从侧面来看还有发黄的现象，这时可以考虑宝石白、黄珍珠的使用。

③ 试调。如果初次调这个颜色的修补漆，有时很难控制银粉与蓝漆之间的比例，另外色漆的选择和用量也不是很好把握，在这种情况下很有必要先试调一下。用一定量的银粉逐渐加入蓝漆，此时要注意蓝色的变化，不要加得太多。当差不多时，开始调入其他相应的色漆，如果加入的色漆没有向既定目标走，要重新选定色漆。如此反复修正所用色母及其各自用量，直到颜色接近时喷涂试件与样板比较，直到满意为止。

④ 结束调漆。通过试调之后，初步掌握了这种漆的大概配方，根据配方调出客户所需的量。

综合评价（考核）

序号	能力点	掌握情况	序号	能力点	掌握情况
1	银粉的选定	□是　□否	5	颜色修正	□是　□否
2	原漆面色相分析	□是　□否	6	正侧面调整	□是　□否
3	通过漆尺拉起比色	□是　□否	7	结果相符程度	□是　□否
4	喷板比色	□是　□否	8	油漆用量合理	□是　□否

任务3　珍珠漆的调色

任务描述

一辆汽车漆面为珍珠漆，现需要修补喷涂，按原车漆面颜色调漆。

任务分析

珍珠漆要注意根据漆面的正侧面颜色选择合适的色母和珍珠，以达到同样地颜色效果。

相关知识

1．珍珠漆调色三要点

① 选对色母非常重要，对色母的正侧面表现与透明度一定要熟记。因为珍珠漆一般选用透明色母。

② 调整珍珠漆与幻彩珍珠漆的正侧面主要依靠素色色母来表现。珍珠色母主要是种类、数量和粗细程度，正侧面表现占其次（浅色或纯珍珠漆除外）。

③ 调色原则根据色母走向分析图本着先调深浅，再调色相；以调整正面色相为主，兼顾侧面色相；兼顾珍珠颗粒的大小，数量是否接近的原则来调整。

2．珍珠漆调色技巧

（1）明度调整方法

珍珠漆的光泽都比较柔和，可通过加入主色母、珍珠色母与黑色色母来调整明度。

① 加入主色母与黑色色母变深，减少主色母与黑色色母变线。

② 加入珍珠色母变鲜艳，同时向珍珠色母色相方向表现。

③ 建议不加入高浓度的白色母，它会使珍珠漆整体变浊、不鲜艳。如果想调浅可以加一些白珍珠，或金属漆树酯或用主色母来冲淡。

（2）色相调整方法（珍珠漆一般含有一种或一种珍珠以上，4种珍珠以下）

① 蓝珍珠系列。根据样板色相选择绿相蓝、通蓝和发红蓝等素色色母与蓝珍珠等珍珠种类粗细与数量，不够深时可加入黑色色母调深，正面不够蓝绿可适当加入透明黄或黄珍珠、绿珍珠。侧面红可选择发红蓝、紫红、纯紫等素色色母或加入紫珍珠来调整。

需要注意的是，侧面使其稍红些喷出来会更好一些。

② 红珍珠系列。正面红色侧面带紫；正侧面都鲜红色。

根据样板色相选择大红、鲜红做主色，根据珍珠种类、数量及粗细程度加入红珍珠等珍珠系列，正侧面色相不够红黄时可选择栗红、酱红、棕红、透明黄来调整；不够紫时可选择深红、玫瑰红、紫红来调整。不够深时加入黑色母调深（加入黑色母会变深、变紫、变浑浊）；红珍珠一般与古铜珍珠、紫珍珠、金珍珠及黄珍珠等搭配。

需要注意的是，若使颜色正面深、侧面浅颜色鲜艳时，选择透明色母，如透明红等。若使颜色正面浅、侧面深，选择侧面走向深的色母。如紫红，也可以加入少量蓝色。一般方法为多加红珍珠与黑色母，这样颜色会正面浅，侧面深。在加入蓝、紫红等色母后，侧面会向黑与浑浊方向发展。

③ 绿珍珠系列。常见为墨绿珍珠：以黑色母、绿色母做主色，加入绿珍珠等珍珠系列，绿珍珠一般与蓝珍珠、黄珍珠等搭配（根据需要可加入少量的银粉）。

根据样板色相加入少量通绿或黄相绿，也可以用蓝色母（红口蓝或蓝绿色母）与黄色母（透明黄）搭配调整色相。加入透明黄会使正面与侧面都变黄。

正侧面偏蓝绿时可加蓝绿色母与蓝珍珠；偏黄绿时可加黄色母与黄珍珠或透明黄；侧面偏红时可加少量紫、紫红或深红；正面不够红时可加入紫珍珠。

需要注意的是，调配绿珍珠时发现正面比车身浅、不够绿，侧面颜色一致时是银粉加黑色母造成的。可直接加入绿色母来进行调整浓度。如果侧面过绿，可加入紫红等红色母，同时正面变深。当正面比车身绿、鲜艳；侧面颜色浅，加入黑色母调节深浅，颜色将不再鲜艳，侧面红可加纯紫、紫红等色母调整。

④ 黑珍珠系列。以黑色色母为主色母，根据珍珠种类、数量及粗细程度加入珍珠系列，黑珍珠一般与蓝珍珠、红珍珠、紫珍珠、绿珍珠、白珍珠及古铜珍珠等搭配。根据色相偏向可以适当加入素色母。偏蓝时，可加入蓝色母；偏深时，可加入透明白；如果不够红相可加入深红、栗红等红色母。

需要注意的是，调黑珍珠时，珍珠颗粒一定不要调大，因为喷涂后会更大。侧面一定要注意红相或蓝相及深浅要一致。

⑤ 白珍珠系列。白珍珠是珍珠漆中一个特殊的系列，因为要使白珍珠飘浮在汽车表面，发出迷人的光芒，在喷涂操作中一般要做三道工序。先喷涂 1K 白色做底色，再喷涂白珍珠，再喷涂双组分清漆。所以在调配白珍珠时，一般只调底色，即调 1K 白色。

白色以纯白为主色，分为蓝白与黄白，蓝白一般为群青加紫红色或铁红色母，黄白一般为少量黑色加黄色色母或铁红色母。

白珍珠一般不用调，直接喷涂。

（3）彩度调整方法

可通过加入黑色母和珍珠，主色色母与补色色母等方法调整。

① 颜色太鲜艳要变浊一些时，可加黑色色母或补色色母；或减少主色色母与珍珠色母，或加少量银粉。

② 颜色太浊要变鲜艳一些时，可减少黑色色母或加入主色色母与珍珠色母。

任务实施

1. 确定色相，选用主色母

首先要准确判断其正、侧面色相（有时讲底色、面色较容易理解）的不同；例如柳微"龙贝蓝珍珠"，正面蓝，侧面红紫。

如对色母的颜色效果掌握未纯熟时，建议先用调漆尺蘸上一些油漆，然后在调漆尺上加入一些准备加入的微调色母，看其效果，如不行就改用其他的色母，这样可避免调漆中加入不合适的色母。

2．确定珍珠种类、粗细程度和数目

仔细分析主色相内含有多少种珍珠与各种珍珠数量的多少。一般以不超过4种为宜。例如北京现代伊兰特黑珍珠，主色黑色，内含紫珍珠、蓝珍珠、细红珍珠与细白珍珠。

3．颜色调配

根据分析，先加入主色母再加入各种珍珠并有效搅拌，根据显色规律调配，注意正面与侧面颜色的色相表现。

4．喷板比色

与调金属漆相同，比色时，色板与车身处于同一平面：

① 检查明度从正面与侧面观察试板颜色，看颜色是否太深或太浅。

② 查色相看试板颜色正侧面是否比原色板颜色正侧面更红、更蓝、更黄。

③ 检查彩度看试板颜色是否比原色板颜色更高或更低。

④ 检查珍珠数量、粗细程度与种类是否与原车颜色一致。

5．颜色修正

根据金属漆调色方法与技巧进行微调，逐步实现与原色板基本吻合的效果。

综合评价（考核）

序号	能力点	掌握情况	序号	能力点	掌握情况
1	选定主色目	□是 □否	5	颜色修正	□是 □否
2	确定珍珠种类	□是 □否	6	颜色相符程度	□是 □否
3	颜色调配	□是 □否	7	油漆用量合理	□是 □否
4	喷板比色	□是 □否	8		□是 □否

项目4　面漆喷涂

✖引言

对汽车而言，只有当修补处与其他部分相匹配，且不易察觉才算大功告成。此过程是由喷涂工来完成的，喷涂工必须熟悉修理厂所有材料型号，这样才能有助于根据不同的汽车选择最佳的修补方案。涂料生产商提供每种涂料工艺的相关说明，每次工序前，喷涂工必须对所有材料有详细的了解。

学习目标

- 能够叙述汽车涂装的工艺过程。
- 能够叙述汽车漆面修补涂装流程。
- 能够按照安全操作规范要求，正确完成进行涂装前的准备工作。
- 知道面漆施工中常用的工具设备，并能正确描述其工作原理。
- 能够正确进行面漆的喷涂施工并完成车身各车身板件的面漆喷涂。

任务1　喷枪的操作与调整

🔍任务描述

喷枪可以把空气和油漆混合到一起。它能雾化油漆流，使之在板件上形成漆膜，起到保护板件和美化作用。其工作原理是使空气和油漆通过枪体的不同通道，汇集在喷嘴和气帽，最后喷出枪外。当空气和油漆混合时，就能把油漆雾化。当空气流击中喷漆区域时，就能把油漆以一定的模式喷涂到板件上。当喷涂到足够厚度时，油漆粒子结合到一起，形成一层光滑的、没有瑕疵的漆面。

喷枪在熟练地喷漆工手里，是一件得力的工具。为了让喷枪能够正常持续的工作，喷漆工必须知道喷漆的基本调整。同时，正确的使用和定期的清洁及保养是非常重要的。

📋任务分析

喷枪的结构如图4-1所示。

喷枪的调整主要包括：油漆流量、出风量和喷雾形状。

喷枪的正确操作包括：枪距、枪的角度、喷枪的移动速度和重叠大小。

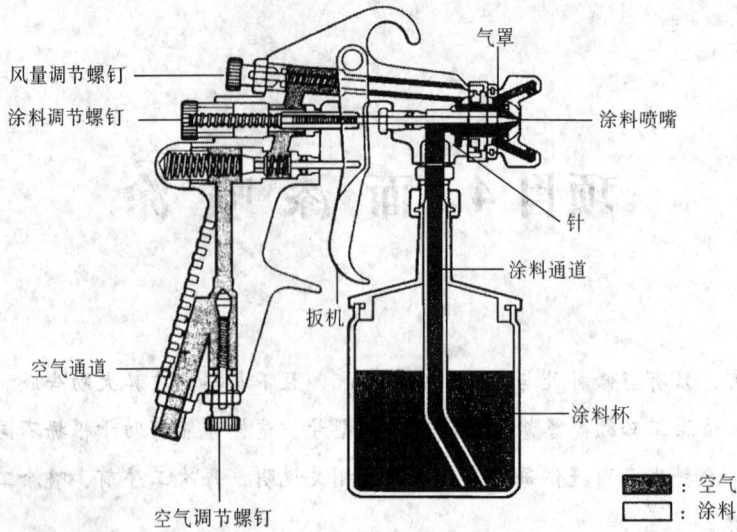

图 4-1　喷枪结构

相关知识

1. 空气喷枪的原理

（1）空气喷枪

空气喷枪使用压缩空气将雾化涂料施涂到表面上。

（2）喷涂原理

喷涂的原理与雾化器的原理是一样的。当压缩空气从气罩的气孔中排出时，在涂料喷嘴处形成一个负压，该负压对杯中的涂料施加吸力，如图 4-2 所示。

然后，由于气罩里气孔处的压缩空气的作用，被吸上的涂料以雾化涂料形式喷出，如图 4-3 所示。

图 4-2　喷枪的工作原理

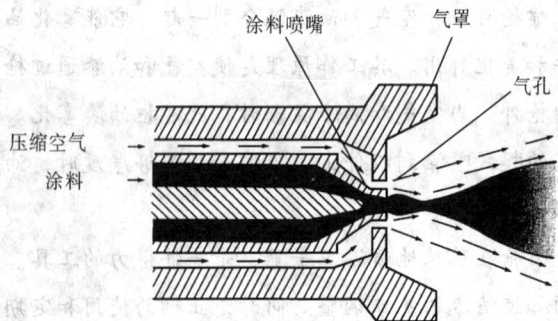

图 4-3　喷枪结构与工作原理

2. 空气喷枪的种类

空气喷枪可以大致分为重力供料、吸料及压缩等类型，如图 4-4 所示。

对于一般的汽车重涂，最好用重力供料型和吸料型，因为它们使用简便。压缩型一般用于制造厂，进行连续喷涂。

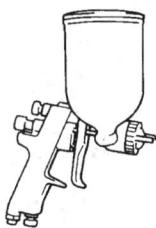
重力供料型

吸料型

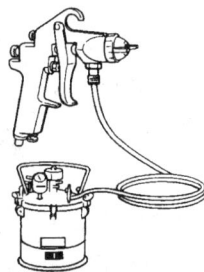
压缩型

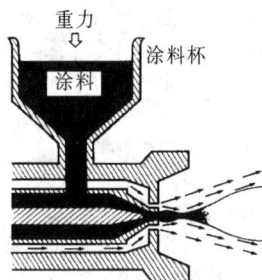

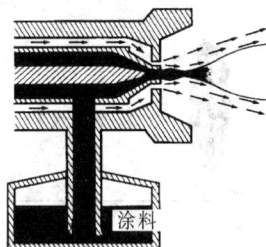

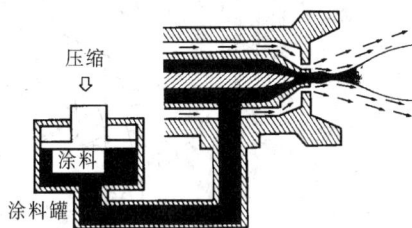

图 4-4　喷枪的分类与结构

任务实施

1．喷枪结构与调整方法

（1）涂料调节螺钉

它通过调节针的移动量来调节涂料喷出量。如果放松调节螺钉，喷出量增加；拧紧该螺钉，喷出量减少。如果调节螺钉完全拧紧，涂料便停止流出，如图 4-5 所示。

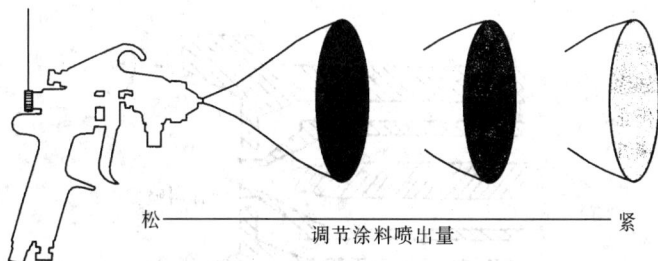

图 4-5　流量调节

（2）风量调节螺钉

调节喷雾图形。拧松螺钉可以产生椭圆形状，拧紧螺钉可以产生较圆的形状。椭圆形状比较适合于喷涂大的工作表面，圆的形状比较适合于喷涂较小的面积，如图 4-6 所示。

（3）空气压力调节螺钉

它调节空气压力。拧松调节螺钉可增加空气压力，拧紧则降低空气压力。

风量调节螺钉

松 —————————————————— 紧

调节喷束宽度

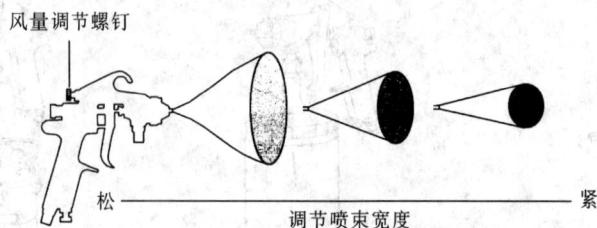

图 4-6 风量调节

空气压力不足可以降低涂料雾化的程度，而空气压力过大，则会使更多的涂料溅散，从而增加所需要的涂料量，如图 4-7 所示。

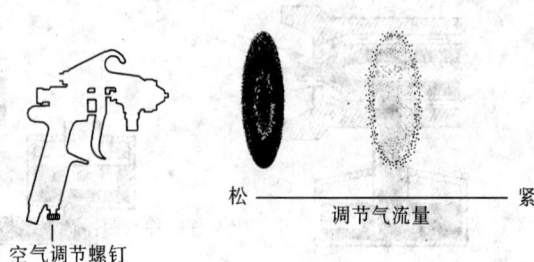

空气调节螺钉

松 —————————————————— 紧

调节气流量

图 4-7 空气压力调节

（4）涂料喷嘴

涂料喷嘴对从喷枪进入气流的涂料进行测量和导向。在涂料喷嘴处有个尖锥，当针触及尖锥时，涂料停止流动。当涂料被排出时，排出的量取决于针离开喷嘴时涂料喷嘴开度的大小。为了适当控制种类和黏度不同的涂料，以及为了将所需数量的涂料送至气罩，以满足不同施涂速度的要求，涂料喷嘴有各种不同的尺寸。重涂中最常用的喷嘴为 1.3 mm。由于气罩、喷嘴和针影响喷束形状和修饰的质量，它们的组合为一整体，称为喷嘴组合。喷嘴结构如图 4-8 所示。

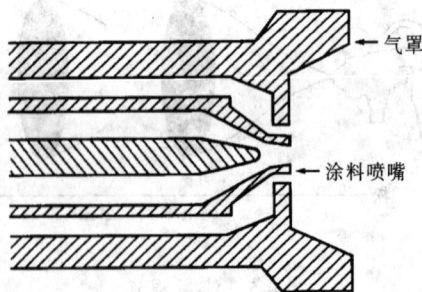

← 气罩

← 涂料喷嘴

图 4-8 喷嘴结构

在选择气罩、针和涂料喷嘴以前应该考虑：

① 涂料的种类和黏度。

② 喷枪型号。

③ 喷枪的操作。

④ 修饰质量。

（5）气罩

气罩排气，以帮助雾化涂料。气罩有中央气孔、风量控制气孔及雾化气孔，它们有各自的功能，如图 4-9 所示。

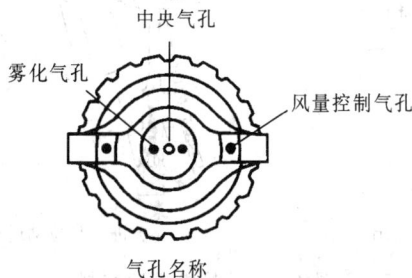

图 4-9 气罩结构

中央气孔在涂料喷嘴处产生真空，并且喷涂料。风量控制气孔使用压缩空气的力来规定喷雾图形。

雾化气孔促进涂料雾化。雾化气孔的数目及喷枪的性能如图 4-10 所示。

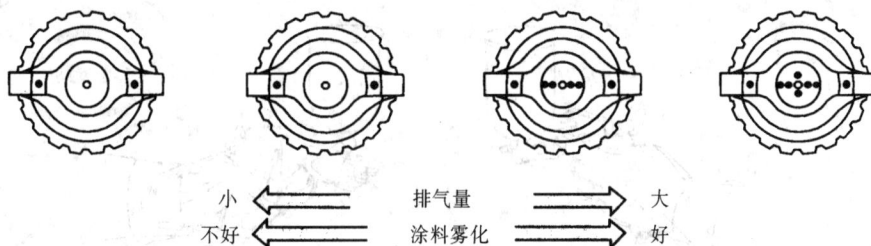

图 4-10 雾化气孔的数目及喷枪的性能

另外一个功能是改变喷雾图形的方向，其方法是旋转气罩，如图 4-11 所示。

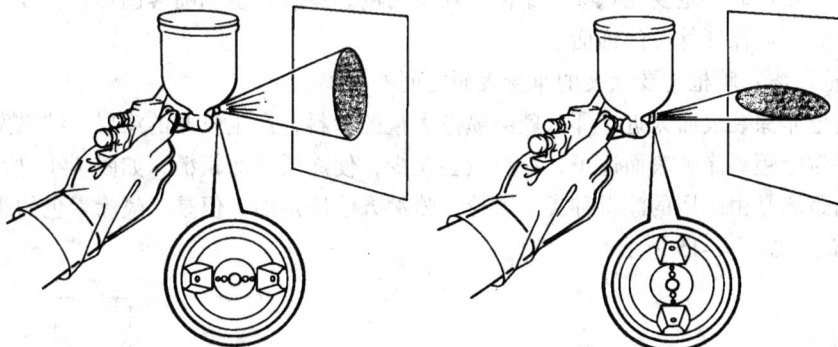

图 4-11 气罩和喷雾图形方向

（6）扳机

拉动扳机，空气及涂料便会喷出。扳机的工作分两步。初始拉扳机时，气阀打开，仅让空气喷出。再进一步拉扳机，针便打开，让涂料随空气喷出。这种结构用于在拉动扳机时提供稳定的雾化，如图 4-12 所示。

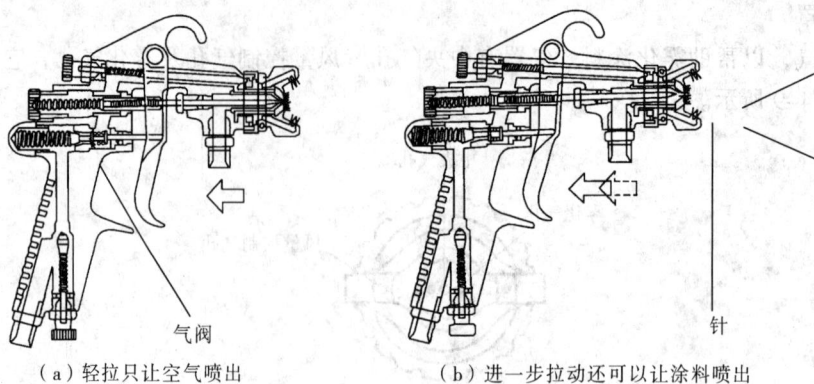

（a）轻拉只让空气喷出　　　　　　　（b）进一步拉动还可以让涂料喷出

图 4-12　喷枪扳机的控制

2．使用空气喷枪

（1）拿喷枪

为了不感到疲劳和保持稳定的喷涂，应该采取放松的姿势，不要收紧拿喷枪一侧的肩、肘或臂。一般说，喷枪用拇指、食指及小指抓握，而板机是第三、四手指拉动的，如图 4-13 所示。

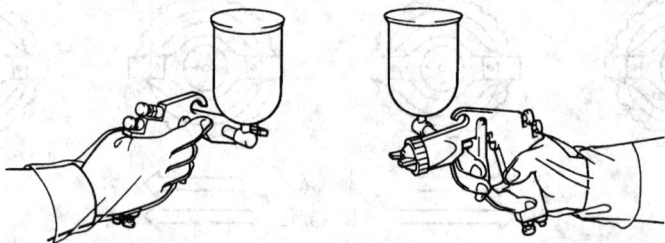

图 4-13　喷枪的拿持

（2）移动喷枪

移动空气喷枪时一定要注意喷枪距离、喷枪角度、运动速度和喷雾图形重叠 4 点，这 4 点都需要照顾到，以保证优美的饰面。

① 喷枪距离：喷枪与要涂装的车身表面之间的距离。

如果喷枪靠涂装表面太近，那么就会喷涂大量的涂料，产生较厚的涂层，结果发生垂流。相反，如果喷枪距离涂装表面远了，涂料量会减少，使涂层薄而粗糙，如图 4-14 所示。

理想的距离是由所用的涂料种类、喷枪及喷涂方法决定的。但是，喷涂素色的距离通常为 100～200 mm，如图 4-15 所示。

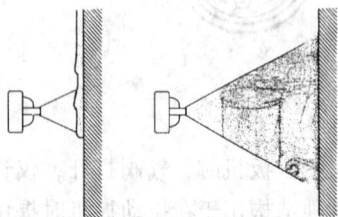

图 4-14　距离对喷涂的影响

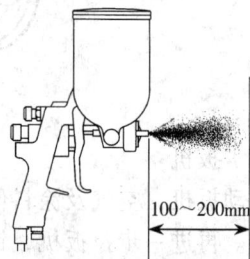

图 4-15　喷枪喷涂距离

② 喷枪角度：喷枪角度指喷枪相对于车身板表面的定向。喷枪无论在垂直时还是水平移动时，都必须始终与车身板表面垂直。否则，涂层可能不均匀，如图 4-16 所示。

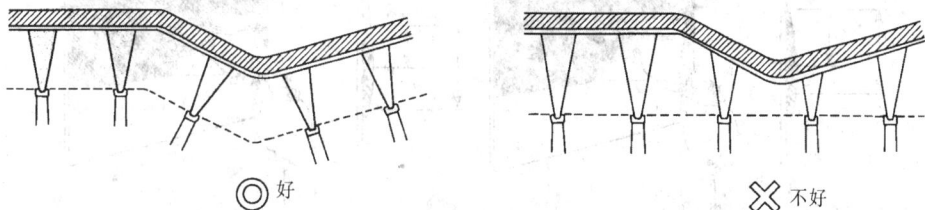

◎ 好　　　　　✕ 不好

图 4-16　喷枪角度

③ 喷涂速度：喷枪移动的速度称为运行速度。如果运行速度慢，那么涂层就厚，并且有垂流；如果运行速度太快，那么涂层就薄。此外，如果运行速度不均匀，那么涂层往往也不均匀。就一般的喷涂而言，运行速度介于 0.9～1.2 m/s 为宜。

为了创造漂亮的饰面，一定要遵守喷枪的正确使用方法，注意喷枪的距离、运行速度及涂料排量。如果这三个因素不能很好地协调配合，那么便会影响饰面质量。如果这三个因素中有任何一个必须改变，那么其余两个也必须相应改变。

这三个因素之间的关系如表 4-1 所示。

表 4-1　涂料排量、喷涂距离及运行速度之间的关系

涂料排量	喷枪距离	运行速度
大	长	正常
小	长	慢
大	短	快
小	短	正常

④ 喷涂图形重叠当涂料从喷枪喷出时，便形成喷雾图形，喷雾图形边缘比中央部分薄，如图 4-17 所示。

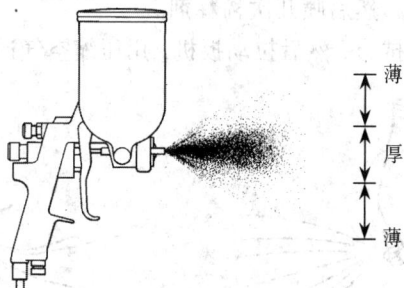

薄　厚　薄

图 4-17　喷涂时喷雾分布

因此，为了获得均匀的涂层，喷雾图形的厚度应该均匀。正确的喷雾图形重叠宽度为喷雾图形的 1/2～2/3，如图 4-18 所示。

喷雾图形的重叠一定要均匀。如果发生图 4-19（b）所示的不均匀现象，那么涂层厚度便不均匀，从而会产生涂装缺陷，如图 4-19 所示。

重叠 2/3　　　　　　　　　　　重叠 1/2

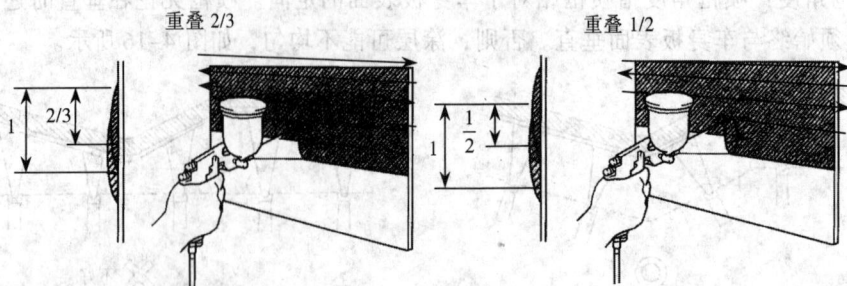

图 4-18　合理的喷雾重叠

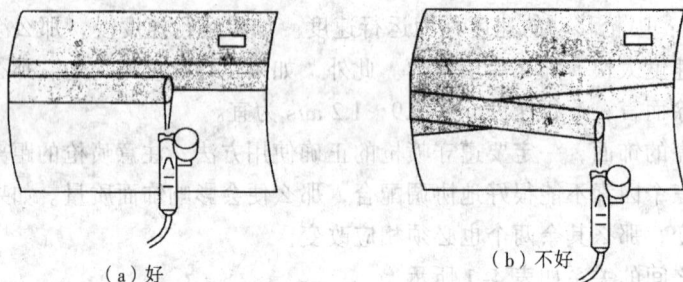

（a）好　　　　　　　　　　　（b）不好

图 4-19　两种喷雾重叠对比

此外，当喷枪向下指时，你也必须随之逐渐从站立姿势变为蹲的姿势。

3．喷枪的清洁

喷枪在使用以后一定要清洁。如果喷枪不清洁，涂料便会堵住喷枪，于是喷枪便不能再用了。此外，如果清洁方法错了，也会导致喷枪功能下降和涂料泄漏。

正确的清洁方法如下所示：

（1）清洁重力供料型喷枪

① 清除涂料杯中残遗的涂料，然后拉动扳机，清除喷枪中遗留的涂料，如图 4-20 所示。

② 将稀释剂倒入涂料杯，然后喷几次稀释剂。

③ 在气罩前面盖一块擦拭布，然后拉动扳机，用压缩空气逆向冲洗喷枪，如图 4-21 所示。

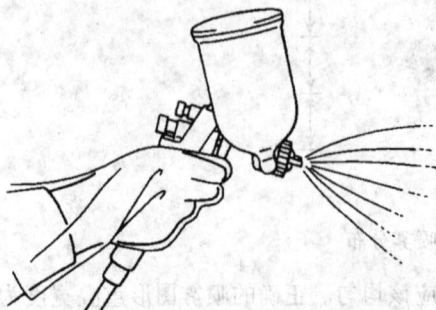

图 4-20　清除杯中残余涂料　　　　　　图 4-21　逆向冲洗喷枪

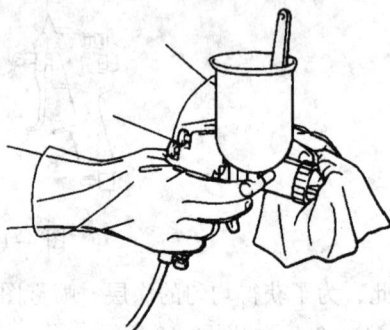

④ 用鬃刷清洁涂料杯，如图 4-22 所示。

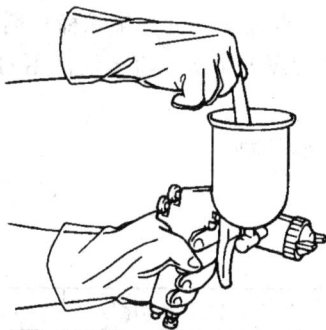

图 4-22 清洁涂料杯

⑤ 将步骤②、③和④重复几次，直至稀释剂中再没有涂料的踪影，然后用鬃刷清洁空气喷枪，如图 4-23 所示。

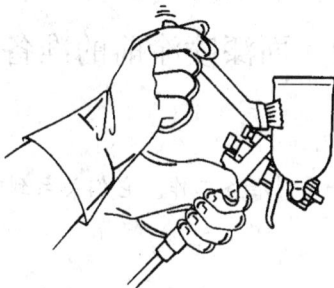

图 4-23 清洁外部

⑥ 取下气罩，然后用鬃刷清洁涂料喷嘴，如图 4-24 所示。

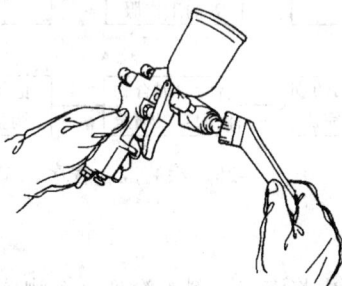

图 4-24 清洁喷嘴

⑦ 用鬃刷清洁气罩。

小心不要在清洁时损坏气罩，因为其气孔的状况对于喷雾图形有很大影响。绝不可以用针、金属丝刷或钢丝刷之类的工具。如果干涂料难以清除，那么将气罩浸在硝基稀释剂中，以软化干涂料，然后再清洁气罩。使用干净的布，擦去所有残留的稀释剂，然后再装上气罩。向涂料杯中倒入少量清洁的稀释剂，这少量的稀释剂将有助于防止涂料通道被堵塞。

（2）清洁吸料型喷枪

① 拆下涂料杯。在气罩前面盖上一块擦拭布，拉动扳机，反向冲洗留在通道中的涂料。

② 清除所有残留在涂料杯中的涂料，用鬃刷清洁涂料杯的里面和外部。

③ 将清洁的稀释剂倒入容器，再拉动扳机，排除稀释剂。然后，使用步骤①中的方法，反向冲洗清洁用的稀释剂。重复此程序若干次，直至清洁用的稀释剂中没有涂料的踪影。

④ 用鬃刷清洁空气喷枪。

⑤ 取下气罩，再用鬃刷清洁涂料喷嘴。

⑥ 清洁气罩。

综合评价（考核）

序号	能 力 点	掌握情况	序号	能 力 点	掌握情况
1	喷枪的正确拆装	□是　□否	5	运枪速度、角度和距离	□是　□否
2	喷枪的正确调整	□是　□否	6	喷涂重叠量	□是　□否
3	喷雾图形的调整	□是　□否	7	喷枪清洗	□是　□否
4	喷枪握持方法	□是　□否	8	—	□是　□否

任务 2　面漆喷涂前的准备工作

任务描述

在面漆喷涂前，所要进行的一系列准备工作。它们关系到喷涂的质量。

任务分析

下述准备工作必须在施涂面漆以前完成。准备工作可以广义地分准备要涂装的车辆和准备要施涂的涂料两类，如图 4-25 所示。

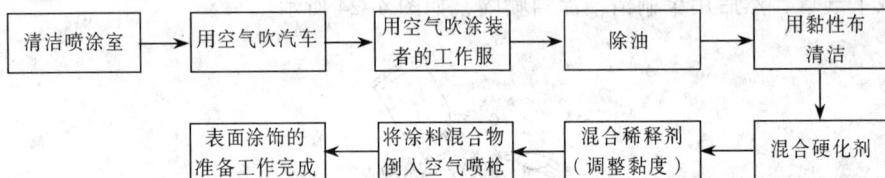

图 4-25　涂装准备程序

相关知识

涂装是一种工序，在该工序中将液态涂料施涂到一个物体上，以形成一层薄膜，然后薄膜干燥和固化，以形成一个硬涂层，或称"涂膜"。

1．保护

钢铁、铝、木、水泥和塑料等材料很容易由于腐蚀而衰变或损坏，如果照此下去便不能保证耐久性。但是，这些材料的表面可以用涂装加以保护，阻止材料损坏，并且可以使其能用更长的时间。因此，涂装的主要目的是保护物体免受外部破坏因素的影响。

2．美学效果及识别

涂料可以使物体有光泽，使其更好看，从而可以增加产品的吸引力。颜色识别也是涂装的另一个目的，例如救火车及警车涂装成特别的颜色，以使它们有别于其他车辆。

虽然有许多方法可以改善物体的外观，但是涂装是最简单、最富表现力的方法。

任务实施

1．清洁喷涂室

先用吹尘枪吹除喷涂室内部（包括天花板）的灰尘和碎屑，然后才能将汽车开入喷涂室。此外，用水冲地板。防止灰尘飘浮在空气中，以防涂装表面落上尘粒。

2．用空气吹汽车

用空气除尘枪，将压缩空气吹至要重涂的表面及相邻区域，以确保这些区域完全没有灰尘，一定要吹除发动机罩行李箱盖或翼子板之间间隙中的灰尘。

在吹除车身板之间间隙中的灰尘时，所用压缩空气的压力要略高于喷涂时所用的压力。如果这个除尘工作做得不彻底，那么残留的灰尘或污物可能在喷涂时出现在表面上，从而产生"颗粒"。

为了不让涂料喷至不需要涂装的表面，一定不能让遮蔽胶带剥落。在给汽车除尘时，一定要使喷涂室处于运作状态，否则吹动的灰尘又会再附着于汽车上。

3．用空气吹涂装者的工作服

涂装者必须穿喷涂工作服，以防将灰尘或碎屑带到汽车上。涂装者还必须用空气除尘枪来自我吹拂，以吹去灰尘和碎屑，然后再开始涂装。

4．除油

用浸有除油剂的棉（白）布擦车身板表面，使之湿润。用清洁的和干燥的棉布将已浮起的油迹在干燥前擦除。

注意：

如果金属上有油迹，那么它们日后会造成涂料起泡或剥落。

5．用黏性布清洁

在施涂面漆以前，用黏性布轻擦要涂装的表面。

注意：

在使用新黏性布以前，先将它完全摊开，然后再将它轻轻折起来，以便黏性布能更加适合物体的外形。如果黏性布太黏，可以将它放在荫蔽处晾干一二天。

不要让清漆留在表面上，否则会造成涂料起泡。但是，在擦试要涂装的表面时，不要用太大的压力。

6．混合（双组分涂料的）硬化剂

必须按涂料制造商的指示，准确称量硬化剂，然后再将它与涂料混合。如果不切实这么做，则可能产生各种问题，例如剥落、龟裂、染色或水斑。

在混合前，一定要阅读涂料制造商的说明，确定混合比是按重量还是按容积计算的。如果是按重量计算的，那么要用称量天平。如果是控容积计算的，那么要使用量杯或专用混合杆。

7．混合稀释剂（以调整黏度）

原始状态的涂料太黏，不适合于空气喷枪施涂。因此，涂料必须用稀释剂稀释至适合喷涂的水平。在稀释涂料时，请使用涂料制造商规定的稀释剂。

（1）选择使用稀释剂

涂料必须使用涂料制造商规定的稀释剂稀释。不能使用其他涂料的稀释剂，即使该稀释剂与涂料都是同一家制造商生产的。

通常，制造商会提供各种类型的稀释剂，各稀释剂均有自己独特的蒸发速度，因此可以选用最适合当时周围气温的类型。例如，喷涂时的周围温度高，那么便要用蒸发速度低的稀释剂。如果周围温度低，那么要用蒸发速度高的稀释剂。如果周围温度在 20 ℃（680 ℉）左右，则要用标准稀释剂。

（2）使用黏度计混合稀释剂

涂料的黏度随温度变化。涂料自身的黏度在低温下较低，在高温下较高。

如果涂料和稀释剂混合在一起，而将黏度作为唯一标准，那么在不同的温度条件下，稀释剂的量有很大差别。

用混合好的涂料施涂相同的道数，如果其稀释比各不相同，那么（在稀释剂蒸发以后的）涂层厚度也各不相同。因此，必须将涂料的黏度保持在一个有利于喷涂的水平，同时将稀释比保持在一定的范围。

8. 将涂料混合物倒入空气喷枪

① 用搅杆彻底搅拌涂料、固化剂及稀释剂的混合物。

② 将漆杯置于滤漆筛的下面，并且将它倒入滤漆筛，继而漏入漆杯。如果漆杯装满了，涂料可能通过透气孔漏出。为了防止这种情况，涂料的充装量不要超过 3/4 杯。

③ 盖紧漆杯盖。

综合评价（考核）

序号	能　力　点	掌握情况	序号	能　力　点	掌握情况
1	喷涂室的正确清洁	□是　□否	5	用黏性布清洁喷涂部位	□是　□否
2	汽车的清洁	□是　□否	6	加入固化剂	□是　□否
3	喷涂工人的清洁	□是　□否	7	混合稀释剂	□是　□否
4	除油	□是　□否	8	倒入喷枪	□是　□否

任务 3　素色漆整块板件的涂装

任务描述

对一辆经过正确中涂层涂料施工的某一个典型车身部件，进行正确的双组分素色漆面漆施工。

任务分析

素色涂料的块重涂的步骤，如图 4-26 所示。

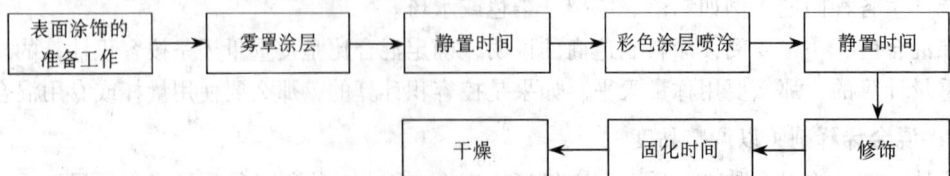

图 4-26　素色漆块重涂程序

相关知识

涂料是一种富有黏性的液体，各种成分组成，如图 4-27 所示。

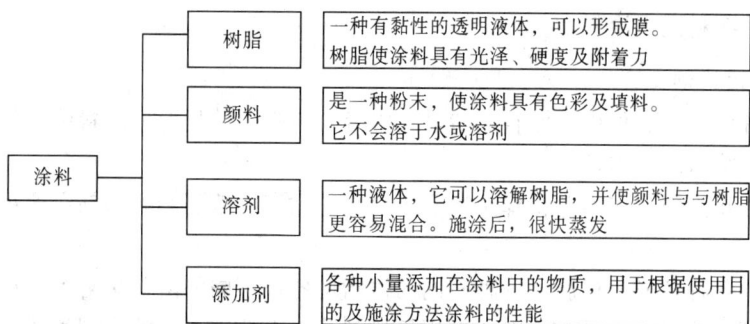

图 4-27　涂料的组成

当这些成分混合时，便形成均匀的稠度。涂料通常用稀释剂稀释，以便于施涂。至于双组分类的涂料，则要加固化剂。它是一种促使树脂中的分子键联，从而使涂膜更坚韧的物质。

在现有的各种涂料之中，"清漆"是一种无色透明的涂料，没有颜料。清漆用做最上层的涂层，使金属或珠光云母色更具光泽，同时保护金属和云母颜料。

1．树脂

树脂是涂料的主要成分，一般为有黏性的透明液体，在被施涂至一个物体上干燥以后便形成一层薄膜。树脂的特性直接影响涂料的持性，例如硬度、耐溶剂性及天然老化。它们也影响饰面的质量（如纹理、光泽）和是否易于使用（如干燥时间）。

涂料中使用的树脂可以广义地分为如下几类：

（1）按材料分类

① 天然树脂：此类树脂主要由植物中榨出，具有高分子化合物，用于制造清漆和天然漆。它们通常用于大量生产的工业产品上。

② 合成树脂：此类树脂是人造树脂，含有高分子化合物。由于它们大量存在，所以大多数现代涂料主要是用合成树脂制造的。

（2）按薄膜类型分类

① 热塑性树脂：热塑性树脂可以通过蒸发溶剂而固化，此过程不含化学变化。当受热时，热塑性树脂变软，继而变为液体。它们很柔韧，并且容易溶解于溶剂。

典型的热塑性树脂为硝化纤维、乙酸丁酸、纤维素、热塑性丙烯酸和尼龙。

② 热固性树脂：当热固性树脂受热及受催化时，它们便因发生化学变化而硬化。它们在硬化以后，不能用再加热的方法软化。热固性树脂一般很硬，而且耐溶剂性很强。

氨基醇酸、双组分聚氨酯、热固性丙稀酸和环氧树脂仅是比较典型的热固性树脂的几个例子。

2．颜料

颜料是不与水、油或溶剂混合的微小的粒子。它们自己不会附着于其他物体上。但是，一旦它们与树脂和其他成分混合形成涂料时，它们便会附着于其他物体上。

① 着色颜料：使涂层具有颜色，并且提高涂料的遮盖力。

② 明亮颜料：使涂层具有金属或珍珠般的虹彩。

③ 体质颜料：使涂层具有强度及浓度，提高其黏性和防止沉淀。

④ 防锈颜料：主要用于底涂层，防止生锈。

⑤ 消光颜料：用于减少涂层的光泽。此类颜料在市场上卖的是"消光基料"，当需要光泽

较少时，便将此颜料混入涂料中。

3. 溶剂与稀释剂

溶剂是一种液体，它可以在涂料制造过程中溶解树脂，并且促进涂料中的颜料和树脂的混合。它一般混于涂料的基本色。

稀释剂用于将涂料的基本色稀释至适合于涂装的黏度。溶剂和稀释剂在涂料干燥时蒸发，而不会留在涂层中。

涂料中使用各种各样的树脂。各种不同的树脂用各种不同的溶剂来溶解。每一种涂料都有其特别的稀释剂，该稀释剂是该涂料的专用稀释剂，它由几种不同的溶剂组成。此外，有几种不同的稀释剂，其所含的溶剂及其混合比各不相同，用户可以按其周围温度，选用最适合该温度的蒸发速度的稀释剂。

4. 添加剂

涂料中加有各种添加剂，以增强涂料的性能及促进涂膜的形成。添加剂的组成和功用如表 4-2 所示。

表 4-2　添加剂的组成及其功用

添加剂类型	功　　用
增塑剂	增加涂膜的揉曲性
颜料分散剂	帮助分散颜料，并防止已分散的颜料结合在一起
沉降制止剂	防止颜料与树脂和溶剂分离，从而制止在涂料存放过程中其中的颜料沉降
色分离制止剂	防止色分离和提升，而色分离和提升是含有粒子大小及比重不同的颜料的涂料常有的现象
流平剂	使涂料能流动，从而帮助形成一个平滑的涂膜，而不会留下刷子的痕迹或产生橘皮
消泡剂	防止在涂料施途过程中混在涂料中的气泡留在涂膜中
紫外线吸收剂	吸收紫外线，防止涂膜由于阳光的作用而变质。显示了衰变、龟裂和褪色迹象的涂料可能已受到阳光的影响

5. 硬化剂

当使用双组分涂料时，要加一硬化剂。硬化剂如果加入双组分涂料的主要成分中，那么它便与主要成分的分子反应，形成更大的分子，即高聚物。在聚氨酯涂料中，三聚异氰酸酯化合物用做硬化剂。

🔧 任务实施

1. 板件涂装方法

板件涂装方法如表 4-3 所示（ 1 kgf/cm² ≈ 98.1kPa ）。

表 4-3　板件涂装方法

序号	工 作 说 明	空气压力/（kgf/cm²）	喷枪距离/mm	排 出 量（拧紧流体喷嘴调整螺钉，然后再放松几圈）
1	雾罩喷涂： ① 施喷涂料的量以足以让涂层有少许光泽为准。 ② 检查表面有无缩珠。如果有缩珠，提高空气压力，并且用干涂法喷涂表面，以便吹除缩珠	3	20	2

续表

序号	工 作 说 明	空气压力/ （kgf/cm²）	喷枪距离/ mm	排 出 量 （拧紧流体喷嘴调整螺 钉，然后再放松的圈数）
2	彩色涂层喷涂 ① 涂料喷涂到可以看见光泽和底材被遮住为止。 ② 一定要完全遮盖住底材。否则，在适当的静置 （在其间溶剂蒸发）时间以后，重复步骤①	3	15	3
3	修饰：涂料喷涂到涂层的纹理和光泽达到均匀为 止。喷涂室里的萤光灯很适合于照涂料表面，以检 查其纹理及光泽	3	15	3
4	干燥：固化 10～20 min；然后，在 60℃下干燥表 面约 50 min 固化时间是指表面在加热干燥以前空气干燥过 程，在其间涂料中的溶剂自然蒸发			

如果底材没有完全遮盖住，那么仅需重涂暴露的面积，这时要降低空气压力和减少排出量，并且喷枪要靠表面近一些，以免相邻表面变粗糙。

2．涂膜干燥

（1）静置时间

静置时间是下一道涂装以前静置的时间，用于让溶剂蒸发。当使用丙烯酸聚氨酯涂料时，静置时间在 20 ℃下为 3～5 min。如果涂层的静置时间不足，那么大量溶剂就会留在涂层中，并且会引起流挂或其他瑕疵。

（2）固化时间

在涂料刚施涂以后，溶剂蒸发得很快。在此期间，如果加热，稀释剂或溶剂将会迅速蒸发，并且会引起诸如花脸和针孔之类的瑕疵。因此，必须让新涂层静置 10～20 min，使溶剂自然蒸发，然后才能对涂层进行强制干燥。涂料静置的 10～20 min 称为涂料的"固化时间"。

3．涂装前翼子板

① 涂装与前门相邻的边缘，如图 4-28 所示。

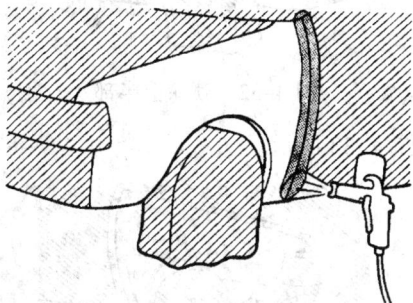

图 4-28 喷涂后边缘

② 沿前轮廓线涂装，如图 4-29 所示。

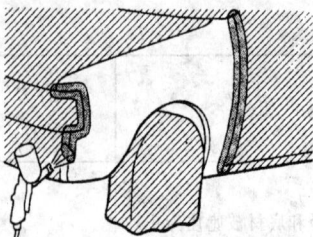

图 4-29　喷涂前边缘

③ 涂装轮拱内部，如图 4-30 所示。

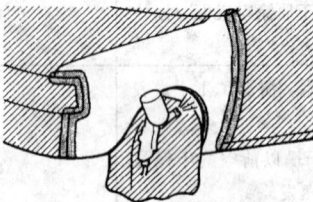

图 4-30　喷涂轮拱内部

④ 涂装顶面，如图 4-31 所示。

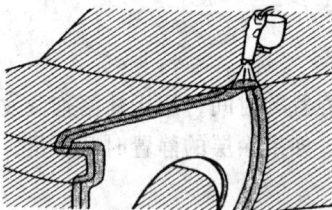

图 4-31　喷涂上边缘

⑤ 涂装上部至轮拱，如图 4-32 所示。

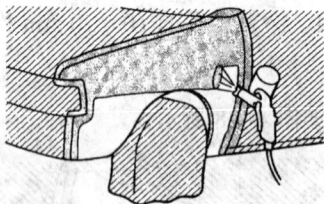

图 4-32　喷涂上半部

⑥ 涂装前段的下部，如图 4-33 所示。

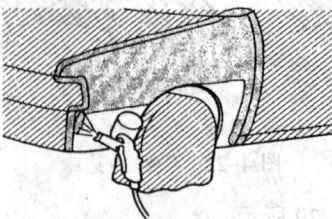

图 4-33　喷涂下部前段

⑦ 涂装后段的下部，如图 4-34 所示。

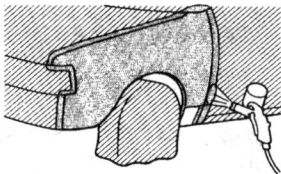

图 4-34　喷涂下部后段

⑧ 涂装底部，如图 4-35 所示。

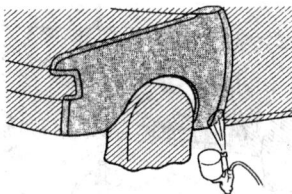

图 4-35　喷涂底部

4. 涂装车门

① 涂装左边边缘，如图 4-36 所示。

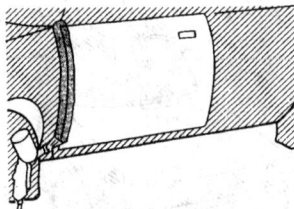

图 4-36　喷涂前边缘

② 涂装右边边缘，如图 4-37 所示。

图 4-37　喷涂后边缘

③ 沿车身装饰条带上面的表面涂装，如图 4-38 所示。

图 4-38　喷涂上边缘

④ 由上至下涂装整个面板，如图 4-39 所示。

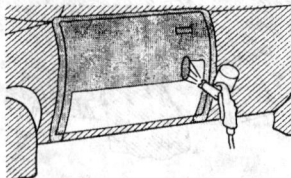

图 4-39　喷涂面板

⑤ 涂装底边，如图 4-40 所示。

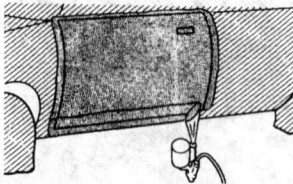

图 4-40　喷涂底边

5. 涂装发动机罩及行李箱门

① 喷涂后边缘的一半，如图 4-41 所示。

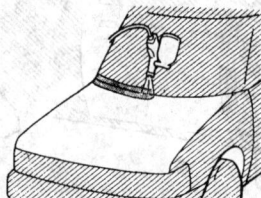

图 4-41　喷涂右侧上边缘

② 喷涂整个面积的一半，从发动机罩的侧边到中央，如图 4-42 所示。

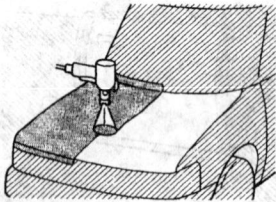

图 4-42　喷涂右侧

③ 涂装前边缘，如图 4-43 所示。

图 4-43　涂装前边缘

④ 涂装后边缘的另一半，如图 4-44 所示。

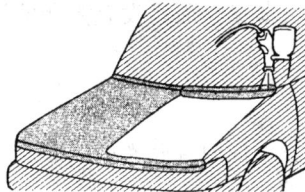

图 4-44 涂装左侧后边缘

⑤ 涂装整个面积的另一半，从发动机罩的中央向侧边，如图 4-45 所示。

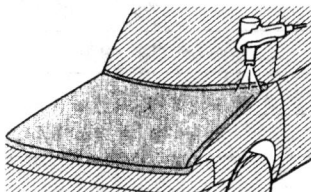

图 4-45 喷涂左半部分

综合评价（考核）

序号	能 力 点	掌握情况	序号	能 力 点	掌握情况
1	第一层雾罩喷涂	□是 □否	5	翼子板涂装	□是 □否
2	彩色涂层喷涂	□是 □否	6	车门涂装	□是 □否
3	修饰	□是 □否	7	发动机罩涂装	□是 □否
4	干燥	□是 □否	8	行李箱门涂装	□是 □否

任务 4 素色漆点修补

任务描述

一辆汽车左前翼子板处发生碰撞，经钣金修复后，现需要进行喷涂。

任务分析

素色涂料的点修补按图 4-46 所示步骤进行。

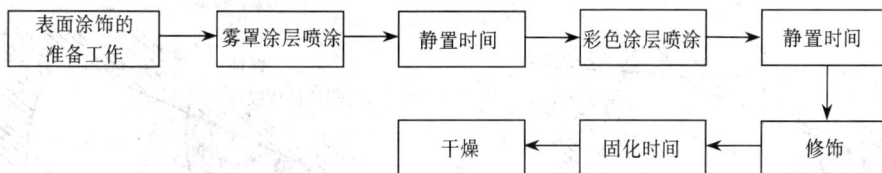

图 4-46 素色漆点修补步骤

相关知识

油漆的喷涂方法包括干喷和湿喷。

1．干喷

干喷用于喷涂量很小的、涂膜又薄又干而且没有光泽的涂层。它也是产生这种涂层的涂装技术。

2．湿喷

湿喷用于喷涂量大、又厚又有流动性而且有光泽的涂层。

表 4-4 所示为干喷、湿喷的条件。

表 4-4　干喷与湿喷喷涂条件

喷涂条件	干　喷	湿　喷
排出量	较少	较多
空气压力	很多	很少
喷枪距离	远	近
喷涂速度	快	慢

任务实施

1．雾罩涂层喷涂

① 喷涂涂料，以便在二道底漆表面形成薄膜。

② 检查表面有无缩珠。如果有缩珠，提高空气压力，并用干喷法喷涂该表面，以减少缩珠。用 1 500# 或更细的防水砂纸磨毛该表面，再用细粒磨毛剂磨毛荫蔽区域。

2．彩色涂层喷涂

施涂若干层涂料，直至二道底漆面积完全遮盖，同时在每涂一道以后要留静置时间。使用黏性布，从相邻表面上擦去任何喷涂灰尘。每一涂层的涂层覆盖面积都要比前一涂层大，如图 4-47 所示。

3．修饰

仔细施涂涂料，以产生均匀的纹理及光泽。

施涂涂料，使覆盖面稍稍宽于彩色涂层部分，如图 4-48 所示。

4．荫蔽

① 仔细施涂，一定要使沿重涂区的边缘的漆雾很好地融和。

同等量的稀释剂或荫蔽剂稀释修饰涂料，以便漆雾区很好融合，根据经验，理想的结果是半色泽的饰面。

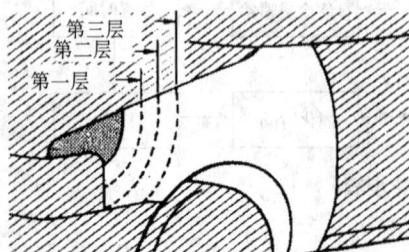

图 4-47　彩色涂层喷涂方法

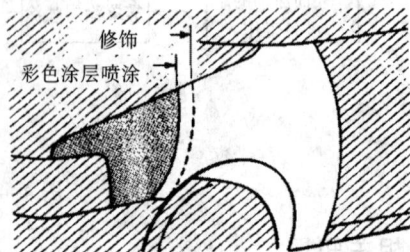

图 4-48　修饰涂层的喷涂

要趁漆雾未干时快速完成此工序。用于荫蔽的涂料黏度小，往往会流淌或引起缩珠。为了防止这些问题，最好在喷涂时减少排出量。

② 用等量稀释剂稀释涂料，并且喷涂表面，融合漆雾面积。

荫蔽应该在尽可能小的面积内进行。

荫蔽应该这样进行：你离重涂面积越远，光泽越少。

一定要使荫蔽表面没有粗糙斑点。荫蔽表面很薄，粗糙斑点经不住彻底的抛光，如图 4-49 所示。

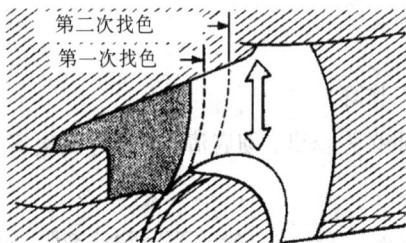

图 4-49 荫蔽涂装的喷涂

5. 干燥

固化 10～20 min，然后在 60 ℃下干燥表面约 50 min。

各步骤喷枪的调整，如表 4-5 所示（1 bar=10^5Pa）。

表 4-5 素色漆点修补各步骤喷枪的调整

序号	内 容	空气压力/bar	喷枪距离/mm	排出量（完全拧紧流体调整螺钉，再放松的圈数）
1	雾罩涂层	1.5	100～150	3/4
2	彩色涂层	1.5	100～150	
3	修饰			
4	荫蔽			

综合评价（考核）

序号	能 力 点	掌握情况	序号	能 力 点	掌握情况
1	第一层雾罩喷涂	□是 □否	4	荫蔽	□是 □否
2	彩色涂层喷涂	□是 □否	5	干燥	□是 □否
3	修饰	□是 □否	6	整体效果	□是 □否

任务 5 双层素色涂料的涂装

任务描述

一辆汽车发生碰撞，翼子板前端漆面受损，原车为双层素色涂料，现需要对漆面进行修复喷涂。

任务分析

双层素色涂料及抗划痕素色涂料的块重涂按如图 4-50 所示步骤进行。

| 表面涂饰的准备工作 | → | 雾罩涂层喷涂 | → | 静默时间 | → | 彩色涂层喷涂及荫蔽 | → | 静置时间 |

干燥 ← 固化时间 ← 用透明涂层修饰 ← 静置时间 ← 透明雾涂层喷涂

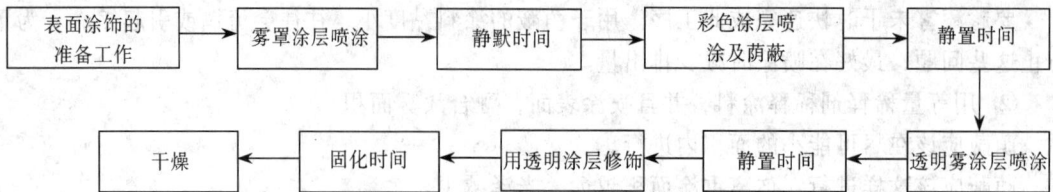

图 4-50　双层素色涂料喷涂程序

相关知识

喷漆的基本原则包括：

1．喷漆前先检查工具与工作环境

空气压缩机内的水分，油质必先释出。彻底清洁、检查喷漆房、通风滤网。清洁喷漆房地面。

2．表面干净

施喷表面一定要用水洗干净，有油质、蜡质要用除油剂除油，新焊接或除铁锈后的金属表面要用环氧树脂防锈底漆处理以防生锈。

3．正确的砂磨方法

使用砂纸不要太用力，尽可能用细一点的砂纸。

4．用高品质稀释剂

对稀释剂不要打经济算盘，使用配套的稀释剂，油漆可发挥最高质量，使用廉价的稀释剂可节省数元，但将付出更多时间与精力；使用高品质稀释剂，工作将会更顺手。

5．硬化剂及稀释剂的比例正确

硬化剂及稀释剂比例不正确将影响漆的效果。

6．良好的底漆

不管喷涂、纯色烤漆、银底烤漆，都应品质良好，以增加附着性、光泽度。

7．搅拌要均匀

不管哪一种漆，哪一厂家，搅拌均匀是最重要的，尤其是含有银粉的。

8．空气压力要适当

枪嘴压力保持在 4~5 bar 时最为理想，太大或太小的压力会影响喷涂效果及造成浪费。

9．正确的喷涂方法应遵照产品使用说明书

保持喷枪与物件距离为 15~20 cm，每次喷涂间隔 5~10 min，每一种产品有不同的施工说明，例如硬化剂混合、喷涂距离、可用时间等。

此外，通风要良好，喷涂环境要干净。

任务实施

下面以前翼子板为例，对重涂工序进行说明，如表 4-6 所示。

表 4-6　前翼子板的重涂工序说明

序号	工　作　说　明	空气压力/bar	喷枪距离/mm	排出量（完全拧紧流量调整螺钉，然后放松几圈）
1	雾罩涂层喷涂 ① 喷涂涂料，以便在二道底漆表面上形成薄膜 ② 检查表面有无缩珠，如果有缩珠，提高空气压力，再用干喷法喷涂该面积，以吹除缩珠 用 1 500#或更细的防水砂纸彻底将要涂装的整个板件磨毛	1.5	100～150	3/4
2	彩色涂层喷涂及阴蔽： ① 施涂若干层涂料，施涂层数以完全遮盖住二道底漆表面为准，同时在每一道涂层喷后要留静置时间 ② 使用黏性布，从相邻表面上擦除任何喷涂灰尘。每道涂层的涂料覆盖面积要比前一道大，借以进行荫蔽	1.5	100～150	1/2
3	透明雾罩涂层喷涂 ① 施涂涂料，以便在整个前翼子板面积上形成薄涂层 ② 检查有无缩珠。如果发生缩珠，提高空气压力，并且干喷法喷涂该表面，以吹涂缩珠	3.0	200	2
4	用透明涂层修饰： 施涂涂料，一定要使涂层有均匀的纹理和光泽	3.0	150	3
5	干燥：固化 10～20 min，然后在 60 ℃下干燥表面约 50 min			

综合评价（考核）

序号	能　力　点	掌握情况	序号	能　力　点	掌握情况
1	第一层雾罩喷涂	□是　□否	5	清漆层喷涂	□是　□否
2	彩色涂层喷涂	□是　□否	6	清漆层修饰	□是　□否
3	荫蔽	□是　□否	7	干燥	□是　□否
4	彩色涂层修饰	□是　□否	8	整体效果	□是　□否

任务 6　金属漆的块修补涂装

任务描述

　　一辆汽车由于发生碰撞，翼子板漆面受损，原车漆面为金属漆，现需要对翼子板整块板进行漆面喷涂。

任务分析

　　金属漆与纯色漆不同之处在于漆膜组成和使用的基色，另外在涂装方法上也不同。纯色漆的面漆由单层组成，面漆不仅要有涂色作用（达到遮盖效果），而且必须形成纹理和光泽。由于金属漆由两层组成（磁漆底层和清漆层），磁漆底涂层具有掩盖效果，清漆形成纹理和光泽。

铝和云母颜料要比着色颜料重，有容易沉积，正侧光效果更明显，易出现斑痕等特性。因此与纯色漆相比，技工必须采用其他措施，如增加稀释剂量，喷涂薄的均匀的金属漆。

金属漆块修补涂装工艺如图 4-51 所示：

图 4-51　金属漆块修补程序

相关知识

喷涂作业过程中，必须清楚工作环境中可能具有哪些危害，并采用正确的防护措施，才能保证操作人员的身体不受侵害。

1. 喷漆过程中的安全保健

除暴露在化学物质中的危害外，其他有关的安全问题有：

① 火灾：喷漆的环境要通风并且远离火源

② 爆炸：特别注意不要将密封的油漆罐暴露在高温环境中

③ 化学反应：油漆中所含的化学物质能与其他材料发生化学反应

2. 喷漆过程中的安全保健

① 使用合适的工作服保护身体，保护你的眼睛和皮肤。正确使用抗溶剂手套、眼镜，防护面罩、防毒面罩、皮肤防护膏等防护用品。

② 通常吸入油漆会导致眼睛发炎、喉咙疼痛、恶心、流鼻涕、疲劳。

③ 含有异氰酸盐的油漆会导致呼吸急促、发冷、发烧及感冒症状。

许多与油漆有关的问题在离开喷漆环境后都会消失，但异氰酸盐造成的症状却不同。

经常接触异氰酸盐会造成过敏反应，出现一次过敏反应后，再次接触还会发生。一旦出现过敏反应，不应再从事这项工作，避免再接触这种物质。过敏反应的表现类似哮喘病。

在固化剂中都含有异氰酸盐成分，在使用过程中一定要做好个人防护。喷涂时最好佩戴供气式呼吸面罩。

④ 在喷漆这样的环境中一定要配戴防毒面罩。

使用防毒面罩之前要确定面罩是否合适，学习正确的使用方法，用完后要及时清理干净。

任务实施

块修补喷涂

以修补翼子板为例，如表 4-7 所示。

表 4-7 修补翼子板

序号	工　　　序	空气压力/bar	喷枪距离/cm	喷涂量（从全关闭位置转过圈数）
1	磁漆底雾罩喷涂： ① 喷涂形成薄膜层 ② 检查表面有无缩珠（鱼眼）。如果有，增大空气压力，干喷掩埋缩珠	2.5	30	3/2
2	磁漆底彩色漆喷涂 ① 湿漆（以便涂膜有光泽的外观）。均匀喷涂，以形成均匀涂膜 ② 验证基底完全掩盖。如果没有，晾干后，重复①直到基底完全掩盖	2.5	15～20	5/2
3	消除磁漆底斑痕：如果磁漆底彩色漆喷涂后，涂膜有斑痕，通过下面的程序消除斑痕 ① 色漆不黏尘时，慢慢移动喷枪，使色漆几乎干燥，使色漆一致 　如果消除斑痕的时间太早，不能修正斑痕。相反如果消除斑痕的时间太晚，彩色漆不一致，产生不好看的金属粉 　观察光泽度以便形成一定量的均匀的涂膜，达到50%～70%的光泽度 　如果消除斑痕时间太晚，涂层已干燥，再喷一层彩色漆。 ② 检查表面有无斑痕，如果斑痕没有消除掉重复①（如果两遍没能消除斑痕，再涂彩色漆）	2.5	20～25	5/2
4	清漆雾罩喷涂： 喷涂清漆形成薄膜（防止再出现斑痕） 清漆雾罩喷涂以前，应有层向静置时间	3.0	30	2
5	喷涂清漆： 喷涂均匀的清漆涂层时，要注意纹理 喷涂以前，应有充分的层向静置时间 不要涂布过厚的涂层，会造成涂料流淌，重现斑痕，多喷几层薄层会好些	3.0	15～20	3
6	干燥：给予10～20 min静置时间，然后以60 ℃干燥表面60 min			

综合评价（考核）

序号	能　力　点	掌握情况	序号	能　力　点	掌握情况
1	第一层雾罩喷涂	□是　□否	5	接口修饰	□是　□否
2	彩色漆喷涂	□是　□否	6	干燥	□是　□否
3	消除斑痕	□是　□否	7	整体效果	□是　□否
4	喷涂清漆	□是　□否	8		□是　□否

任务 7 金属漆的点修补涂装

任务描述

　　一辆汽车发生碰撞，翼子板前部漆面受损，原车漆面为金属漆，现需要对前部漆面进行修复喷涂。

任务分析

金属漆与纯色漆不同之处在于漆膜组成和使用的基色，另外在涂装方法上也不同。纯色漆的面漆由单层组成，面漆不仅要有涂色作用（达到遮盖效果），而且必须形成纹理和光泽。由于金属漆由两层组成（磁漆底层和清漆层），磁漆底涂层具有掩盖效果，清漆形成纹理和光泽。

铝和云母颜料要比着色颜料重，有容易沉积，正侧光效果更明显，易出现斑痕。因此与纯色漆相比，技工必须采用其他措施，如增加稀释剂量，喷涂薄的均匀的金属漆。

金属漆局部修补工艺如图4-52所示。

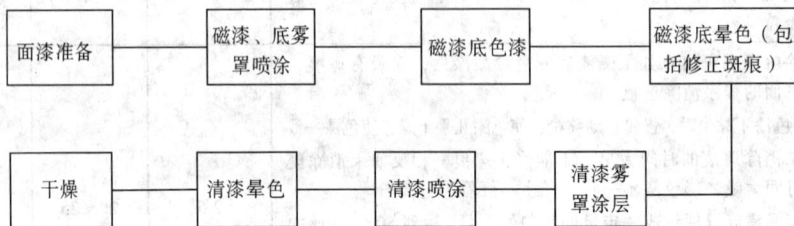

图 4-52 金属漆点修补程序

相关知识

汽车表面涂饰设备主要包括：

1. 空气喷枪

空气喷枪是一种施涂涂料的工具，能以雾状的形式喷涂涂料与空气的混合物。空气喷枪有不同的形状，以满足不同的需要。

2. 涂装支架

涂装支架是一个支座，用于悬挂部件或小零件进行喷涂。它在涂装发动机室、翼子板、车门和其他可拆卸的零件时特别有用。

3. 除油剂

除油剂是以石油为基础的脂族烃溶剂，可以有效地浮起附着于物体表面的油脂、硅及污垢由于除油剂只能浮起这些东西，而这些东西在除油剂干了以后又会恢复原样，因此不需要的东西必须在除油剂干燥以前，必须用清洁的棉白布擦去。

4. 黏性布

黏性布是纱质材料，浸有黏性清漆。用这种布轻轻地擦表面，可以除去碎屑、灰尘及打磨粒子。

5. 容器

在供涂料使用的金属及塑料容器之中，用聚丙烯制造的用完即弃容器现今用得很广泛。

6. 搅杆

搅杆用金属或塑料制成，用于将腻子、二道底漆或面漆涂料均匀混合。有些搅杆上面有标记，用以测量适量的硬化剂。

7. 滤漆筛

滤漆筛是个过滤器，用于滤除涂料中的杂质。它有各种各样的筛孔，供不同的涂料使用，以防止滤筛堵塞。例如，细筛孔的用于金属基涂料或二道底漆。

8. 黏度计

涂料必须用稀释剂稀释，使其黏度适合于喷涂，这是因为原始状态的涂料黏度太高，不适合于喷枪喷涂。

9. 台秤

台秤用于秤量稀释剂，使其重量与涂料的重量成比例。

任务实施

任务实施内容如表 4-8 所示。

表 4-8 任务实施内容

序号	工 序	空气压力/bar	喷枪距离/cm	喷涂量（从全关闭位置转过圈数）
1	磁漆底雾罩喷涂： ① 向中涂底漆部位喷涂薄漆层，不要让涂料喷到周围其他部位 ② 检查表面有无缩孔，如果有缩孔，增大空气压力，干喷掩盖缩孔 使用精细抛光剂，完全打磨修正部位	1.5	10~15	3/4
2	磁漆底色漆喷涂： 涂几遍涂料，直到中涂底漆部位完全被掩盖，保证每遍的层间静置时间 使用黏尘抹布擦掉相邻部位的涂料 均匀喷涂，形成均匀涂层（如果涂层厚度变化，影响涂层干燥到"不黏尘"的程度，使随后的除斑痕工作更困难）	1.5	10~15	3/4
3	磁漆底修补（包括除斑痕） ① 色漆不黏尘时，慢慢移动喷枪，使其干燥易于喷涂清漆 ② 重复步骤①3~4次，修补晕色 观察光泽度，以便形成的均匀的涂膜，达到大约50~70%的光泽度 如果有斑痕，在晕色的同时，纠正斑痕 每喷涂一遍，扩大喷涂面积，逐渐减少厚度，过渡颜色	1.5	10~15	1
4	清漆雾罩喷涂： 喷涂清漆，形成薄膜层（防止重新出现斑痕） 喷涂清漆涂层以前，有充分的层间静置时间 扩大喷涂部位，使喷涂的部位大于修补的部位	1.5	10~15	3/4
5	喷涂清漆： 喷涂均匀的清漆层，同时观察纹理 施工前要有足够的层间静置时间 尽可能喷几个薄层，不要做一个厚层，因为这样会造成流淌	1.5	10~15	3/2

序号	工　序	空气压力/bar	喷枪距离/cm	喷涂量（从全关闭位置转过圈数）
6	清漆修补 ① 用等量的稀释剂稀释涂料，把要修补部位与相邻部位做过渡一致。一般来说，理想的涂层是半光泽的 　用清漆给工件修补的方法与纯色漆一样 　稀释的涂料黏度小，易于流淌或产生颗粒，因此喷涂时最好减少流量 ② 用等量的稀释剂再次稀释涂料，喷涂涂料，使新旧成为一体 　喷涂过渡层，使光泽逐渐从修补部位消失 　要使过渡的部位没有粗糙点，过渡部位很薄，粗糙点经不起打磨 			
7	干燥静置 10～20 min，然后以 60 ℃干燥表面约 50 min			

综合评价（考核）

序号	能　力　点	掌握情况	序号	能　力　点	掌握情况
1	第一层雾罩喷涂	□是　□否	5	清漆喷涂	□是　□否
2	底色漆喷涂	□是　□否	6	清漆修补	□是　□否
3	消除斑痕	□是　□否	7	干燥	□是　□否
4	雾罩清漆	□是　□否	8	整体效果	□是　□否

任务 8　金属漆整车涂装

任务描述

一辆汽车，原车漆面为金属漆，由于发生碰撞，经车身修复完成后，现需要全车喷涂。

任务分析

整车修补涂装的基本喷涂方法与修理局部的板块修补的方法一样，由于涉及大面积涂装，因此整车修补涂装也有些困难。

就使用的喷枪而言，吸上式比重力式更便利，因为它不需要经济补充涂料，就涂料来讲，丙烯酸氨基甲酸乙酯涂料有较低的干燥速度，能得到高质量的涂装。

以用丙烯酸氨基甲酸乙酯涂料的全部修补涂装为例，说明金属漆的全车喷涂的工艺，如图 4-53 所示。

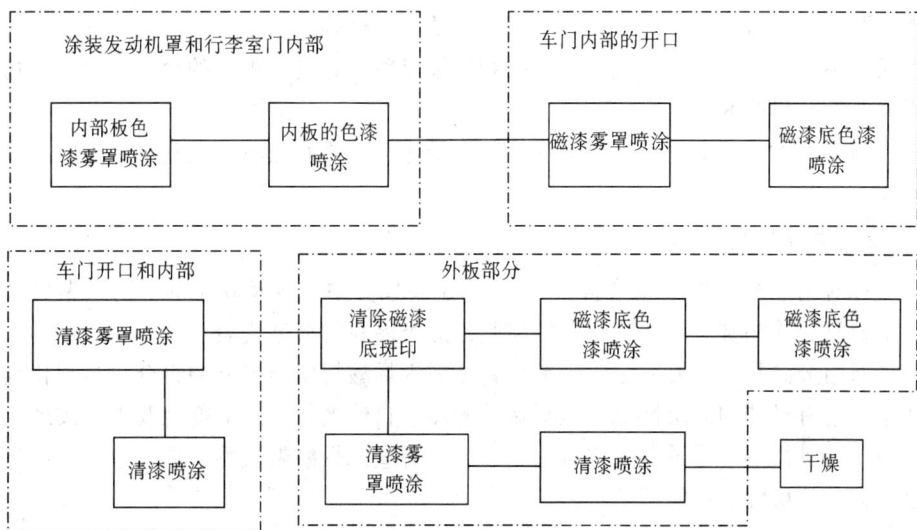

图 4-53　金属漆全车喷涂程序

相关知识

图 4-54 所示为汽车的涂料饰面的组成。分层施涂各种类型的涂料膜（每一种涂料均有其特有的特性），以保证所要求的特性。

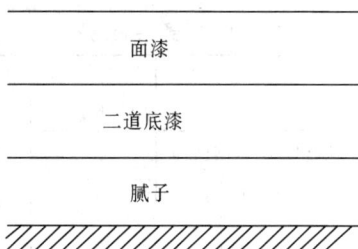

图 4-54　漆面的组成

其中面漆的作用是添加色彩、光泽、平滑性及其他增强品质，以确保这些品质经久长效。面漆涂料可以按所用的干燥或固化方法分为图 4-55 所示各类。

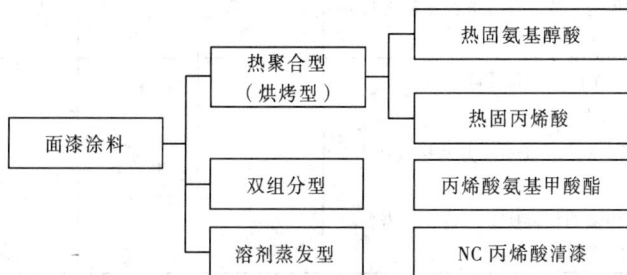

图 4-55　面漆涂料的分类

1. 热聚合型（烘烤型）

这是单组分涂料，在受 140 ℃高热时硬化。它广泛用于汽车生产线，但是很少用于重涂工程，因为需要高温烘烤设备，并且要拆下或保护塑料部件等。

这种涂料用于素色，其主要成分为醇酸和三聚氰胺，它具有很好的涂层特性，包括光泽、硬度、干膜厚度及耐溶剂性。

这种涂料主要用于要求高水平半透明度的金属色。它具有和热固氨基醇酸涂料一样的有优良涂层特性。

2．双组分型（氨基甲酸酯型）

它之所以称为"氨基甲酸酯涂料"，是因为主要成分中的醇及硬化剂中的三聚异氰酸盐起反应，产生氨基甲酸酯键。丙烯酸或聚酯树脂是此类涂料的典型代表。

这一种双组分涂料，主要成分为丙烯酸树脂或丙烯酸树脂与聚酯的组合，与硬化剂异氰酸盐一起使用。它有极佳的涂层性能，包括保持光泽、自然老化、耐溶剂性及平滑纹理。但是，它干得很慢，并且需要干燥设备来进行适当干燥。有些丙烯酸聚氨酯干燥得很快，而且易于处理，不过它们的涂层性能可能稍差一点。

3．溶剂蒸发型（清漆）

这种单组分涂料一般称为清漆。虽然它们干得很快易处理，但是它们现在使用不如以前那么广泛了，因为它们不如现在广泛使用的双组分类涂料那么坚韧。

任务实施

任务实施内容如表 4-9 所示。

表 4-9　任务实施内容

序号	工　　　　序	空气压力/bar	喷枪距离/cm	喷涂量（从全关闭位置转过圈数）
1	内板色漆的雾罩喷涂（发动机罩和行李室的内部和开口）： ① 喷涂，形成薄漆膜 ② 检查表面缩孔。如果有缩孔，增大空气压力，干喷掩盖缩孔	3.0	20	2
2	色漆喷涂（发动机罩和行李室的内部和开口） 每遍涂层之间，留有充分的层间静置时间。喷到基底全部掩盖住 由于该涂层是内板色，故纹理和光泽不需要像外面那样高	3.0	15	3
3	磁漆底雾罩喷涂（车门内部和开口） ① 喷涂，形成薄漆膜 ② 检查表面缩孔，如果有缩孔，增大空气压力，干喷掩盖缩孔 车门修饰条以及相似的材料掩盖部位，不需要涂装（提前确定部位的范围）	2.5	30	1/2
4	磁漆底色漆喷涂（车门内部和开口）：每遍涂层之间，留有充分的层间静置时间。喷到基底全部掩盖住 相对喷得干些，不要形成不均匀纹理	2.0	20	5/2

续表

序号	工　　序	空气压力/ bar	喷枪距离/ cm	喷涂量 （从全关闭位置转过圈数）
5	底磁雾罩喷涂（外部板件）： ① 喷涂，形成漆膜 ② 检查表面缩孔，如果有缩孔，增大空气压力，干喷掩盖缩孔	2.5	30	3/2
6	磁漆底色漆喷涂（外部板件）： ① 湿喷（以便涂料粘到工件时有光泽）：均匀喷涂，以得到均匀涂层（如果涂层厚度变化，影响涂层干燥到"不粘尘"的程度，使随后的除斑痕工作更困难） ② 验证基底完全掩盖，如果没有掩盖，要有层间静置时间，然后重复步骤①，直到基底完全掩盖	3.0	15	3
7	清除磁漆底的斑痕（外部板件） ① 彩色漆不粘尘时，慢慢移动喷枪使其几乎干燥，使色漆一致 如果消除斑痕的时间太早，不能修正斑痕。相反，如果消除斑痕的时间太晚，喷色与彩色漆不一致，产生不好看的金属粉 观察光泽度，以形成均匀涂层，达到大约 50%～70%的光泽度 如果消除斑痕时间太晚，涂层已干燥，再涂一层彩色漆 ② 检查表面有无斑痕。如果表面太差，重复步骤①的工艺（如果两遍涂布没有消除斑痕，再开始涂一遍色漆	2.0	20	2
8	清漆雾罩喷涂（车门内部和开口） 喷清漆形成漆膜（防止出现斑痕）	3.0	15～20	2
9	清漆喷涂（车门内部和开口） 喷均匀清漆层的同时，观察纹理	3.0	15～20	2
10	清漆雾罩喷涂（外部板件） 喷涂清漆，形成薄膜层（防止出现斑痕）	3.0	15～20	2
11	清漆雾罩喷涂（外部板件）： ① 喷涂均匀清漆层的同时观察纹理 喷涂车顶时，也要喷涂立柱和车门框（这是因为喷涂侧面时，涂层会在窄立柱和门框处相连） 如果只喷涂车面，在随后喷涂汽车侧面时，车顶会有粗糙的纹理 在喷涂车顶的同时，喷涂立柱车门框，会最大限度地减少车顶的粗糙 在最后喷涂后侧板时，打开后门（防止车门过多喷涂）。 ② 如果立柱、车门框和车门开口处出现粗糙的纹理，用 100%～200%的稀释剂稀释的清漆喷涂这些部位，使其均匀	3.0 3.0	15～20 15～20	3 2
12	干燥静置 10～20 min，然后以 60 ℃干燥大约50 min	3.0	15～20	2

综合评价（考核）

序号	能 力 点	掌握情况	序号	能 力 点	掌握情况
1	内板和开口色漆雾罩喷涂	□是　□否	7	车门内板、内板雾罩清漆	□是　□否
2	内板和开口色漆喷涂	□是　□否	8	车门内板、内板雾罩清漆	□是　□否
3	车门内部和开口色漆雾罩	□是　□否	9	外板件雾罩清漆	□是　□否
4	车门内部和开口色漆喷涂	□是　□否	10	外板件喷涂清漆	□是　□否
5	外板件色漆雾罩喷涂		11	干燥	
6	外板件色漆喷涂		12	整体质量	

任务9　金属珍珠漆的喷涂

任务描述

一辆汽车更换了前车门，原车漆面采用金属珍珠漆，现需要对更换的车门进行喷涂。

任务分析

相关知识

使液状涂料硬化、形成厚涂层的工序称为干燥或固化。涂料干燥和固化的工序可以分类如图4-56所示。

1．溶剂蒸发型

当涂料中的溶剂蒸发时，这种涂料形成一个涂层，但是由于树脂分子没有结合在一起，所以涂层可以被稀释剂溶解。这种涂料的特性是干得快和容易使用，但是它在耐溶剂性和自然老化性能方面不及反应型涂料。

溶剂蒸发型涂料包括NC（硝化纤维素）漆、NC丙烯酸清漆和CAB（乙酸丁酸纤维素）丙烯酸清漆。

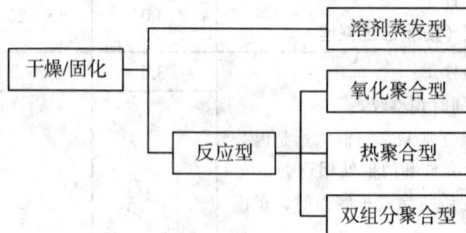

图4-56　固化的分类

2．反应型

在此类涂料中，涂料中的溶剂和稀释剂蒸发，而且树脂通过一种"聚化"的化学反应固化。

刚刚喷涂以后，新涂料是一种液化层，其中的树脂、颜料、溶剂及稀释剂是混合在一起的。在固化过程中，涂剂和稀释剂蒸发，树脂分子由于化学反应而互相逐渐结合。在完全固化以后，涂层完全没有溶剂和稀释剂。分子的化学反应结束，形成一固态的高聚物层。

分子通过化学反应结合成三维交联结构。如果涂层具有较大的和较密的交联结构，那么它便具有更好的涂层性能，如较大的硬度和耐溶剂性。

反应型涂料的特点是，除非向涂料施加能引起化学反应的要素，否则涂料不会开始固化。能引起化学反应的要素包括热、光、氧、水及催化剂（硬化剂）。在汽车用的大多数反应型涂料中，固化是由于热式催化剂引起的。

（1）氧化聚合

当树脂的分子会吸收空气中的氧气，从而氧化时，它们便聚合为交联结构，这种涂料很少用于汽车，因为形成交联结构的时间太长，而且粗交联结构不能产生理想的涂层性能。

瓷邻苯二甲酸酯和合成树脂混合涂料是氧化聚合涂料的两个例子。

（2）热聚合型

当这种涂料加热至一定温度（一般在 120 ℃以上），那么在树脂里便发生化学反应，使涂料固化。所形成的交联结构密度很大，所以在该涂料彻底固化以后，不会溶解于稀释剂。它广泛使用于汽车装配线上，但是在重涂中很少用。这是因为，为了保护有关部区域的塑料及电子零件，在重涂以前必须将它们拆下或用其他方法加以保护，以免受热影响。

热固氨基醇酸和热固丙烯酸便是两种热聚合型涂料。

（3）双组分聚合型

在这种涂料中，主要成分与硬化剂混合，以便在树脂中产生化学反应，从而使涂料固化。虽然该反应可以在室温下发生，但是可以使用 60～70 ℃的空气来加速干燥过程。汽车重涂间大多便用这种涂料。有些双组分聚合涂料的性能与热聚合型相同。

任务实施

任务实施内容如表 4-10 所示。

表 4-10　任务实施内容

序号	工　序	空气压力/bar	喷枪距离/cm	喷涂量（从全关闭位置转过圈数）
1	磁漆底雾罩喷涂： ① 喷涂涂料，在整个前车门形成薄层 ② 检查表面缩孔，如果有缩孔，增大空气压力，干喷掩盖缩孔 使用 1 000#砂纸，完全打磨要修补的前翼子板和后门要晕色部位 用 1 000#或更细砂纸打磨：前翼子板和后门（将做晕色）清洁和除油脂后，粘上易剥下的贴护纸	2.5	30	1/2
2	磁漆底色漆喷涂： ① 湿喷整个前门（以便涂沾附在工件上时有光泽） 均匀喷涂，以得到均匀涂层（如果涂层厚度变化，影响涂层干燥到"不粘尘"的程度，使随后的除斑痕工作更困难） ② 验证基底完全掩盖，如果没有掩盖，要有足够层间静置时间，然后重复步骤①，直到基底完全掩盖 ③ 从前翼子板和后门拆下贴护纸 清洁和除油脂粘护纸的地方（防止留下纸的痕迹）	2.0	15～20	2

续表

序号	工　序	空气压力/bar	喷枪距离/cm	喷涂量（从全关闭位置转过圈数）
3	磁漆底晕色： ① 色漆不粘尘时，慢慢移动喷枪，使其几乎干燥，使色漆一致 　如果消除斑痕的时间太早，不能修正斑痕。相反如果消除斑痕的时间太晚，喷色和彩色漆不一致，产生不好看的金属粉 　观察光泽度，以形成均匀涂层，达到 50%～70% 的光泽度 　如果消除斑痕时间太晚，涂层已干燥，再涂一遍彩色漆。 ② 检查表面有无斑痕。如果表面太差，重复步骤①的工作，如果涂料干燥，再涂一遍彩色漆 　每涂一遍逐渐扩大喷涂范围，使晕色光滑 第一 第二 第三	1.0～1.5	20～25	1
4	清漆雾罩喷涂：喷清漆，在前翼子板前门和后门形成薄漆膜。在喷清漆薄膜前，留有充分的层间静置时间	3.0	30	2
5	喷均匀的清漆涂层时，注意纹理。每遍之间，留有充分的层间静置时间 　不要喷涂过厚层，会造成流淌，产生斑痕，多喷几层薄层会更好	3.0	30	2
6	干燥：给予 10～20 min 的静置时间，然后以 60 ℃干燥表面约 50 min	—	—	—

综合评价（考核）

序号	能力点	掌握情况	序号	能力点	掌握情况
1	磁漆底雾罩喷涂	□是　□否	5	清漆喷涂	□是　□否
2	磁漆底色漆喷涂	□是　□否	6	干燥	□是　□否
3	晕色	□是　□否	7	整体质量	□是　□否
4	清漆雾罩喷涂	□是　□否	8	—	□是　□否

项目 5 面 漆 处 理

引言

在经过腻子作业，中涂、面漆喷涂和干燥后，应检查所喷涂的漆面质量状况。对喷涂接口和面漆的橘纹部分进行抛光，使漆面光亮，过渡自然。同时，检查有无其他缺陷，分析产生的原因，并进行必要的补救。

学习目标

- 能叙述面漆常见缺陷的类型。
- 能够进行漆面的抛光作业。
- 能够针对具体面漆缺陷分析产生原因，并进行正确的补救。

任务 1 面漆的抛光

任务描述

抛光是漆面喷涂的最后一道工序，关系到漆面质量和漆面的外观效果。一面板已喷涂完成，并已干燥结束，检查喷涂的表面状况，对接口和橘纹部分进行抛光,使漆面过渡自然，并达到必要的光亮效果。

任务分析

抛光方法因所用的涂料种类、颜色、纹理及设备的不同而异。抛光的常见步骤如图5-1所示。

相关知识

1. 抛光的目的

抛光是一种打磨重涂表面的工序，其目的是使重涂表面与未重涂的原始表面看起来相似。重涂表面的光泽及纹理可能不同于原始表面。

由于工作重涂条件的影响，也可

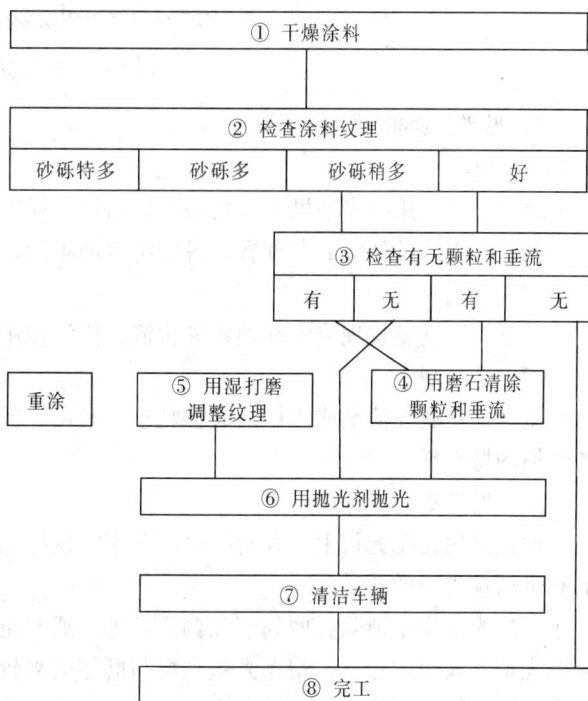

图 5-1 抛光的常见步骤

能产生颗粒或垂流等缺陷。此外，因所用涂装技术的不同，重涂表面可能不均匀。因此，如果在重涂表面与原始表面之间有差异，重涂表面必须打磨，使其与没有重涂的表面的原始表面连贯一致。

2．抛光的原理

如果在涂装和干燥以后，重涂表面的纹理与原始表面的不同，那么涂装表面的凸起（在涂装和干燥以后出现的粗糙纹理或颗粒）可以除去，以获得与原始涂层相似的表面。抛光原理如图 5-2 所示。

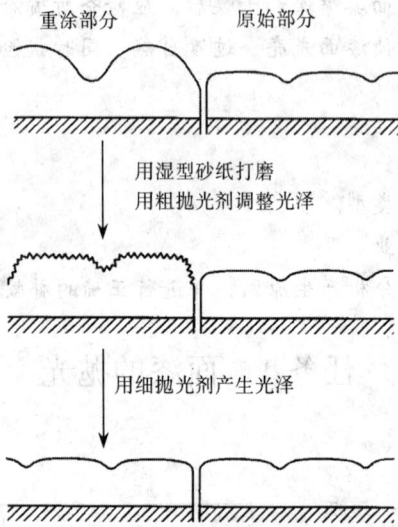

图 5-2　抛光原理

3．抛光工具和设备

（1）磨石

磨石用于在用抛光剂抛光涂料表面以前清除颗粒和垂流。但是，如果出现的垂流大或颗粒多，那么从工艺及经济的角度看，最好将表面重涂。

（2）砂纸

砂纸用于调整纹理或清除颗粒和垂流，广泛使用的是 1 200#～2 000#砂纸。

（3）抛光剂

抛光剂是混在溶剂或水中的磨擦粒子，其用处因其所含粒子的大小不同而异，通常使用粗的和细的抛光剂。

（4）抛光垫

抛光垫用在抛光机上，并与抛光剂联用，以抛光涂料表面。抛光垫按材料分为供粗抛光用的和供精抛光用的两种。

粗抛光垫用于清除打磨划痕和调整纹理。通常粗抛光垫与磨擦效果较大的抛光剂（例如粗粒抛光剂）联用。相反，精抛光垫主要与磨擦效果较小的抛光剂（如细粒抛光剂）联用，以便产生光泽和清除涡旋痕迹（即抛光垫或抛光剂产生的划痕）。

各种抛光垫的性能因材料、结构和制造商的不同而异。

（5）抛光机

抛光机是一种帮助提高抛光效率的工具，其作用是使抛光垫旋转。抛光机有两种，一种为电动型，一种为气动型，电动型抛光机用得比较广泛。

（6）法兰绒擦布

如果要抛光的面积太窄，不能用抛光机，那么使用一种称为法兰绒的软布进行手工抛光。但不主张用比较结实的布（如毛巾）因为它会在涂料表面留下划痕。

（7）抛光轮清洁剂

抛光轮清洁剂清洁抛光轮。粘在抛光轮上的抛光剂利用抛光机的旋转力而脱落。

任务实施

1．涂料干燥

要遵循制造商有关干燥时间的指示，确定干燥温度及涂层可以抛光的时间。

2．检查涂料纹理

比较重涂面积的纹理与原始涂料表面的纹理，确定适当的抛光方法，如表 5-1 所示。

如果从效率及质量方面考虑，在表面橘皮严重时，有时最好重涂而不修理。由于抛光工序会降低涂料纹理的圆拱，所以如果重涂表面的纹理的圆拱低于原始表面的圆拱，便不可能对表面进行修正。在发生这种情况时，该表面必须重涂。

3．检查有无颗粒和流挂

检查涂料表面有无颗粒和流挂。如果有颗粒或流挂，就要确定适当的抛光方法。

① 使用磨石除去小的局部的颗粒或流挂。

② 如果流挂在车身板上延展至很大的面积，那么不可能用抛光的方法修理该表面，因为任何修正该表面的企图都可能影响涂料的总纹理。在发生这种情况时，该表面必须重涂。

表 5-1　重涂表面积纹理检查

漆面纹理	圆拱高度偏差 （与标准比较）	纹理状况 （与标准比较）
	原始纹理（标准）	
	相同	无差别
	小	稍有差别
	中等	有明显差别
	大	重涂纹理特别粗糙和轮廓不清
	大	重涂纹理的圆拱比原始的低

4．使用磨石清除颗粒和垂流

可以用 1 500#～3 000#筛目数的磨石清除颗粒和垂流。要抓住磨石的下部，这样可获得更好的平稳性，并且可以减少损坏涂料表面的机会。如果抓住磨石的顶部，它可能会摆晃，从而可能损坏表面。

磨石要按尽可能小的圆圈移动，以便尽可能避免损坏颗粒周围的面积，因为如果磨石只向一个方面移动，就会产生水平差别，如图 5-3 所示。

要在磨石上加些水或抛光剂，以防磨石在涂料表面上留下大划痕。

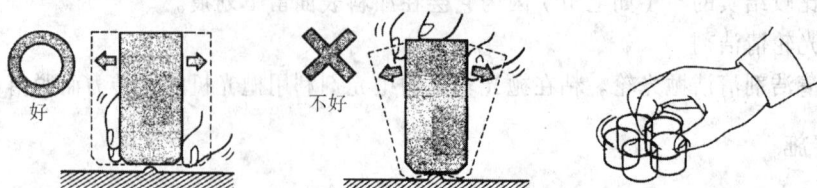

图 5-3　用磨石清除颗粒或垂流

① 将磨石的边弄圆，以尽可能减少对表面的损伤，如图 5-4 所示。

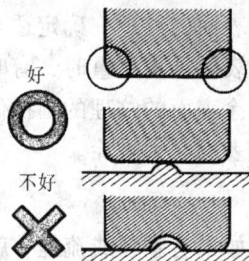

图 5-4　磨石的边的修整

② 当磨石的磨擦表面变得不规则时，要在底板上放一张 800#筛目数或更粗糙的砂纸，并将磨石压在上面磨擦，以将表面磨平。

5．用砂纸进行湿打磨

如果重涂面积与原始面积的纹理之间有很大的不同，用 1 500#～2 000#筛目数的砂纸弄平粗纹理。

在砂纸上放些肥皂，以减少砂纸砂粒堵塞。

如果有垂流，也要把它们磨掉。

6．用抛光剂抛光

在重涂表面干燥以后要进行抛光。使用适合的抛光垫及抛光剂，以与原始涂料的纹理和光泽配合。

（1）块重涂后的抛光

① 粗抛光剂+粗抛光垫：此工序使重涂表面的纹理与原始表面的纹理一致。

如果前一步骤中采用了湿打磨或清除过颗粒，那么便要清除所有砂纸的痕迹。否则，如果有痕迹留下，那么在以后的工序中是可能清除的。

② 精抛光剂+精抛光垫：在本工序中，必须清涂前一工序中产生的涡旋痕迹，并且必须抛光表面，以产生光泽。

虽然较浅的颜色和较深的颜色都同样对划痕很敏感，但是与较浅颜色的涂料相比，较深颜色往往会使涡旋痕迹更明显。因此，在较深颜色的抛光工序结束时使用较细的抛光剂，并且在其抛光后的处理中要特别小心。

（2）抛光时的注意事项

① 在干燥前除去遮蔽胶带的边界上重新贴上遮蔽胶带。这是为了防止抛光剂附着于车厢门窗密封条或嵌条等橡胶或塑料材料上，因为一旦粘上便很难除去。

② 用双手紧握抛光机，同时将电线或空气软管通过肩膀置于身后，以防电线或空气软管缠结。

③ 如果有大量抛光剂留在涂料表面上，那么抛光剂中的溶剂可能损坏涂料。

④ 先将抛光垫抵压在表面上，然后再开动抛光机。如果抛光机在接触表面以前就旋转，那么它很容易划伤涂料。

⑤ 抛光机在抛光涂料表面时必须不停地移动。如果任其在一个地方停留若干时间，那么涂料便会被热软化，并且可能被抛光垫和抛光剂（因为抛光剂会嵌入涂料中）所划伤。此外，摩擦热可能引起板件变形。

⑥ 使用喷雾瓶向工件表面及抛光垫喷水。这可以防止板件变热，防止抛光剂粘住。

⑦ 靠近板件边缘及特征线的涂层特别薄，从而很容易抛光过度。如果抛光垫放得不适当，很快就会露出金属。要用保护带遮盖这些面积。此外，抛光垫要按图5-5所示那样放置，与工件表面接触，所以抛光垫的方向应是从涂装表面向外。

⑧ 如果抛光剂结在涂料上（由于缺乏水气，抛光剂附着于涂料表面），然后抛光垫在那个表面上抛光，涂料便可能被划伤。因此，如果有任何抛光剂结在涂料上，必须用浸有水或抛光剂的擦布迅速擦去。此外，如果有抛光剂结在抛光垫表面上，也必须清除，以免划伤涂料。

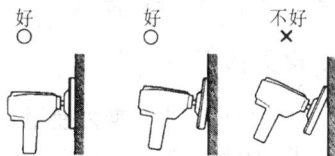

图 5-5　抛光垫和表面的接触情况

⑨ 当用抛光垫时，要保证与涂料表面完全接触，或者从表面稍稍提起。一定不能倾斜抛光垫，而用其边缘，否则很容易划伤表面。

⑩ 在完成用抛光垫进行的抛光工序后，要彻底清洗抛光垫，并令其干燥。

⑪ 抛光晕色区：晕色层从涂装部分引伸至原始部分，逐渐变薄。如果在这些区域使用粗砂纸或抛光剂，那么极可能从晕色区的边缘除去涂料，从而形成边界（或等高差）。因此，如果晕色区的纹理有太多微粒，或者发现有颗粒或垂流，那么最好重涂该区。

（3）用手抛光

当用手抛光时，将抛光力较小的精抛光剂放在法兰绒擦布上，并且仅向一个方向轻轻摩擦，从一个涂装区移至原始区。如果法兰绒擦布向相反方向擦，那么擦布便会刮掉涂膜的边缘，形成边界。一旦原始表面与晕色表面之间的光泽相同了，抛光作业便完成了。

（4）用抛光机抛光

当用抛光机时，要从重涂部分向原始部分抛光，犹如用手抛光时一样，以防产生边界。此外，要特别注意抛光垫的旋转方向，这取决于它接触工件表面的方式。

7．在抛光后清洁车辆

用浸有水的软布或鹿布擦去溅在周围表面上的抛光剂。不要用毛巾这类的粗织物，因为它们会在涂料表面产生小划痕。

综合评价（考核）

序号	能力点	掌握情况	序号	能力点	掌握情况
1	涂料的正确干燥	□是　□否	5	用砂纸进行湿打磨	□是　□否
2	喷涂表面纹理检查	□是　□否	6	用抛光剂抛光	□是　□否
3	颗粒和垂流检查	□是　□否	7	在抛光后清洁车辆	□是　□否
4	使用磨石清除颗粒和垂流	□是　□否	8	整体效果	□是　□否

任务2　漆面常见缺陷的处理

任务描述

面漆喷涂完成后，可能会出现各种各样的问题，需要喷涂技师分析产生的原因，并针对出现的问题及时地进行处理补救。

任务分析

在处理各种漆面缺陷时，首先要准确分清出现的属于哪种缺陷，再分析出现缺陷的原因，并采取相对应的补救措施。

相关知识

油漆应该在保质期内使用，使用前检查油漆有无变质。

① 发浑：清漆不透明，产生的混浊现象称为发浑。主要原因是溶剂选择不当，吸潮、含水等。选择合适的溶剂，轻度的可视情况加入一些丁醇、松节油、苯类解决。

② 变稠：原因是漆料酸价高，与碱性颜料发生皂化反应；桶罐漏气，溶剂挥发；桶内混入水分；储存温度过高，使漆料加速聚合。补救办法：加入相应溶剂，有水的加入适量丁醇，搅拌均匀调整黏度后使用。

③ 沉淀结块：原因是储存时间过久；颜料比重大；油漆黏度过低；细度大。补救办法：轻者将上部漆液倒出，把沉淀物先搅开，再加入漆液搅拌均匀后使用。

④ 结皮：首先讲明氧化干燥的油漆含有催干剂，油漆刷后溶剂挥发而氧化干燥，一般是按照标准控制时间，干燥太快容易影响漆膜的耐候性。产生结皮的原因：一般是桶盖不严漏气或装桶不满；或催干剂量加入量大；漏加防结皮剂；施工过程容器敞口放置。个别桶出现结皮，应揭去漆皮过滤后使用。施工时如需要放置，应在上边撒一层稀释剂。如是硝基漆结皮可用香蕉水把结皮溶化使用，不影响质量。

⑤ 假稠：又称触变，静止时如肝化，搅拌时流动，多发生立德粉，碳黑的色漆中，一般不称为漆膜病态。

任务实施

1. 原子灰周边皱缩现象

（1）定义

面漆喷涂完毕后，膜面显映出原子灰部分痕迹，原子灰的边缘部位发生皱缩，如图5-6所示。

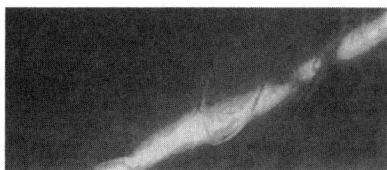

图 5-6　原子灰周边皱缩

（2）成因

① 原子灰刮得比较厚，并且在未充分干燥的状态下就作了上涂膜的涂装，尤其是原子灰及填充剂被涂在接界斜面部位时干燥比较慢，在硬化不充分的情况下就涂装上层涂膜的活，会软化产生皱缩。

② 在原子灰、填充剂上层的中层涂膜，如果一次就被涂得很厚，那么会在发生中层涂料溶剂浸蚀原子灰和旧涂膜的接界部位，产生皱缩的现象。

③ 原子灰上层的中层膜涂料及面漆涂料的稀释剂、缓冲剂使用过量或者涂料稀释得太稀。

（3）预防

① 要等原子灰充分干燥后，再进行中层涂膜及面漆的涂装。

② 原子灰上层的中层涂膜不能一次就涂得很厚，分 3 次左右的薄涂重叠而成，这样可以使中涂层中的稀释剂很快蒸发，减小了其对原子灰的接界部的侵蚀。

③ 中层涂料及面漆中不要过多地加入缓冲剂，并且不要将涂料稀释得太稀。

（4）补救

用 400# 的研磨纸进行水研磨后，再用原子灰填补缺陷处，然后按前面所述要领进行中层涂膜及面漆的涂装。

2. 中涂漆出现针孔/小洞

（1）定义

在涂层表面出现直径大约为 0.5 mm 的小孔洞，如果用针稍微扩大孔洞，可以看见孔洞是在哪一涂层产生的，如图 5-7 所示。

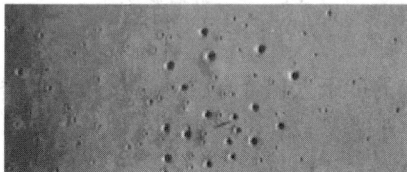

图 5-7　出现孔、洞

（2）成因

① 在刮涂原子灰时有空气被包含在其中，打磨后空洞显露出来，形成小孔洞。以下的原因会导致孔洞形成：

● 不正确的混合操作。

● 不正确的刮涂操作。

● 原子灰已过期失效。

② 使用的喷嘴尺寸太大或太小。

③ 所喷涂料太厚。

④ 超过了使用期限，涂料已固化，很难用于喷涂。

⑤ 挥发时间太短，人工干燥后，在涂层表面之下仍存有溶剂。

（3）预防

① 在混合原子灰和固化剂时，刮刀与表面之间的最佳角度为 60°，限制刮涂动作的次数，不要使用失效的原子灰。

② 使用推荐的喷嘴尺寸。

③ 借助比例尺按正确比例混合。

④ 选用适合环境温度的固化剂。

⑤ 根据以下因素确定合适的挥发时间。

● 环境温度。

● 空气流通速度。

● 稀释剂的类型。

（4）补救

彻底打磨涂层或原子灰，除去针孔，然后重新喷涂。

3. 打磨砂纹

（1）定义

在漆膜上可能出现细小的刮痕、砂痕、大部分出现在面漆上，这个问题可能很快显露出来，也有可能经过几周之后才发现，如图 5-8 所示。

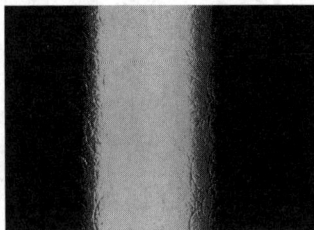

图 5-8　打磨砂纹

（2）成因

① 打磨金属表面或原子灰的砂纸太粗，造成的沟痕和划痕透过面漆呈现出来。

② 中涂漆的在打磨前没有干透，或者过于柔软。

③ 面漆喷涂前，打底或隔绝工作不足。

（3）预防

① 使用制造商建议的砂纸型号打磨特定的底材。

② 打磨前须让打底材料彻底硬化。

③ 喷涂正常厚度的中间涂层及面漆层。

（4）补救

将受影响范围彻底打磨，然后重新喷涂。

4. 刮痕

（1）定义

表面出现线条状的刮痕，如图 5-9 所示。

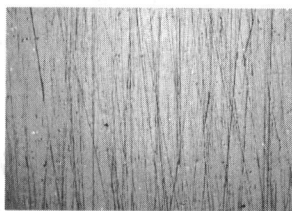

图 5-9　刮痕

（2）成因

① 磨损到金属层外露的程度。

② 车身的原子灰打磨不足。

③ 以原子灰修补的车身部分在喷涂面漆前没有正确喷涂中间漆封闭。

（3）预防

① 选用正确的砂纸打磨。

② 将原子灰打磨平整。

③ 一定要以打底填料封闭整个填补范围。

（4）补救

打磨平整或填补平整，然后重新喷涂。

5．清漆层脱落

（1）定义

清漆层的附着力不够，清漆层出现脱落，如图 5-10 所示。

图 5-10　清漆层脱落

（2）成因

① 底色漆层漆膜太厚。

② 底色漆层留存有溶剂。

③ 静置和干燥时间太短。

④ 使用了不相溶的材料。

（3）预防

① 依照施工建议。

② 喷涂正常厚度的底色漆层和清漆层。

③ 使用制造商所推荐的配套产品。

（4）补救

打磨脱落的范围进行修补，然后重新喷涂。

6．失光/消光/龟裂

（1）定义

面漆失去光泽、龟裂，如图 5-11 所示。

图 5-11　龟裂

（2）成因

旧有的油漆涂层，如果没有处理错误，但却失去光泽，通常是与空气污染和风化引致的化学浸蚀有关。

新油漆涂层失光原因：

① 涂装时湿度过高。

② 底材对溶剂敏感，打底填料没有干透。

③ 底材没有干透，以至吸收了面漆。

④ 硬化剂的混合不正确或受到污染，没有产生化学变化（交链）。

⑤ 不合适的稀释剂。

⑥ 面漆太薄。

（3）预防

① 定时护理面漆，有助提高其抗性和保持光泽。

② 进行新的汕漆喷涂时须依照技术资料所建议的施工方法。

③ 喷涂画漆前须确定所有底材都干透。

④ 使用后须盖紧固化剂罐。

（4）补救

大多数失去光泽的情况都可以通过轻打磨抛光的程序恢复光泽。如果出现龟裂和消光，抛光也无济于事，需要打磨整个范围，然后重新喷涂。

7．滴流/垂流

（1）定义

油漆沿漆面垂流下，在一些涂层厚度不均匀的区域，主要是在垂直表面上，会出现流挂现象，局部区域上的油漆堆积太多以至油漆在湿的时候就发生流挂，如图 5-12 所示。

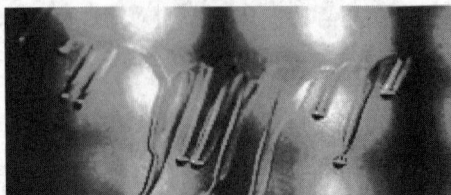

图 5-12　流挂

（2）成因

① 底材除油不彻底，因为油漆不能附着在底材上，所以开始流挂。

② 在该喷涂条件下，所选用的稀释剂干燥速度太慢。

③ 油漆中加入了太多的稀释剂。

④ 喷枪的喷嘴太大。

⑤ 喷涂的油漆涂层太厚。

⑥ 喷涂距离太近或所喷涂油漆不均匀导致局部涂料堆积。

⑦ 喷涂环境温度太低，稀释剂挥发太慢。

⑧ 车体、油漆温度太低。

（3）预防

① 喷涂前仔细对车体除油。

② 以下因素决定稀释剂的选择：工件大小、环境温度、空气流动速度。

③ 借助比例尺或黏度杯以达到正确的混合比例。

④ 对所喷油漆，参照技术手册选用合适的喷嘴尺寸。

⑤ 采用正确的喷涂技术。

⑥ 喷涂的理想温度大约为 20 ℃，如有必要，可选用快干型稀释剂。

⑦ 如有必要，应让汽车车体温度与烤房内温度达到一致。

⑧ 油漆储存温度至少为 15 ℃。

（4）补救

可以采用打磨和抛光等方法除去已干燥的流挂油漆，若出现严重的流挂现象，需在干燥后打磨平整并重新喷涂。

8．橘皮

（1）定义

新喷漆面流平性差，表面不平坦，与橘皮相似，如图 5-13 所示。

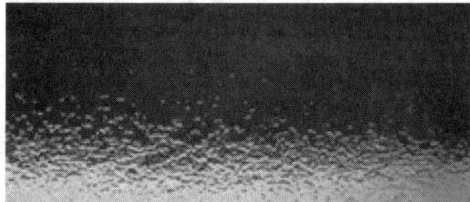

图 5-13 橘皮

（2）成因

① 油漆喷涂黏度太高。

② 所选用的稀释剂干得太快。

③ 喷涂压力太高或太低，压力太低，油漆雾化不够细，太高气压油漆会吹皱。

④ 喷枪与喷漆表面距离太近或太远。

⑤ 周围环境温度太高或太低。

⑥ 使用的涂料温度太低。

（3）预防

① 用比例尺按正确比例混合，检查黏度。

② 以下因素将决定稀释剂的选择：环境温度、工件大小、空气流通速度。

③ 采用正确喷涂图走向。

④ 喷涂的理想环境温度大约为 20 ℃左右。

⑤ 储存温度至少要 15℃以上。

（4）补救

轻微的橘皮可通过抛光消除，若情况严重，须打磨表面并重新喷涂。

9．鱼眼、陷穴（走珠）

（1）定义

鱼眼是圆形凹痕并带有突起的边缘，（有如火山口突起的凹陷点），一般发生在底漆、中间涂及面漆表面上，如图 5-14 所示。

图 5-14　鱼眼

（2）成因

① 车身表面在喷涂前受到油、脂肪、膜或有机硅的污染。

② 来自空气污染，例如来自另一种不同性质油漆的喷雾或挥发物质。

③ 压缩空气的油或水。

④ 来自附近工厂矽化物的污染。

（3）预防

① 喷涂前彻底除油，采用"思卡夫"除油剂。

② 清除空气的污染物，再施行喷涂。

③ 检查油、水分离器，定期排水（油）。

④ 确定方向，关闭朝向此污染物向的窗户，若污染严重要换地方。

（4）补救

① 打磨鱼眼涂层使之变平。

② 先喷一薄层，然后再正常喷涂，涂层之间应有合适挥发时间。

③ 如果仍有鱼眼在涂层中形成，加入"思卡夫"防走珠水。

10．污垢和尘埃（落尘）

（1）定义

灰尘颗粒在湿喷层上，当涂料干燥过程中灰尘嵌在漆膜里面，涂层表面有微粒突出，如图 5-15 所示。

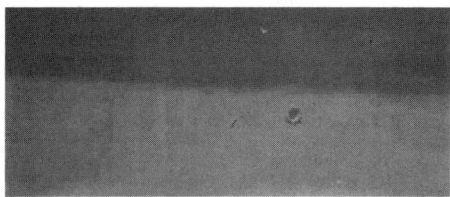

图 5-15　尘埃

（2）成因：

① 喷涂时，灰尘从天窗、车轮拱罩或缝隙处飞起。

② 打磨粉尘滞留在表面。

③ 遮蔽纸的撕裂处有纤落下。

④ 灰尘颗粒落在汽车表面。

⑤ 涂料受到污染。

⑥ 衣服有灰尘。

⑦ 在汽车周围移动（走动）使灰尘上扬。

⑧ 烤房压力过低。

⑨ 过滤棉堵塞。

⑩ 烤房地板上有灰尘。

⑪ 烤房墙壁很脏。

⑫ 天花棉不合适。

⑬ 空气管道很脏。

（3）预防

① 在修补区周围所有开口彻底吹净灰尘，进行清洁。

② 打磨后用吹枪仔细吹掉粉尘。

③ 使用高质量的遮蔽纸，将撕裂边缘向内叠起，并使纸的光滑面朝外。

④ 喷涂前小心用抹尘布擦拭汽车，并将抹尘布存放在干净塑料袋内。

⑤ 将涂料倒入喷枪时进行过滤。

⑥ 穿戴干净、无纤维、抗静电的喷涂工作服。

⑦ 在烤房内不要随意走动。

⑧ 经常检查烤房压力。

⑨ 定期更换过滤棉。

⑩ 保持烤房地面清洁，烤房内不要放置不必要的东西。

⑪ 定期清洁烤房。

⑫ 采用合适的天花棉。

⑬ 用旧抹布擦净喷枪下面 2 m 长的空气管，喷涂时不要让这段管子落在地板上。

（4）补救

喷涂时，可用针尖挑起漆膜内杂的灰尘，干涂层内的小灰尘可以用抛光处理除去，如果灰尘陷在涂层深处，应打磨表面并重喷。

11．颜色差异/不相符

（1）定义

修补区的颜色与汽车颜色不一致，有时发现新喷涂层表面浮色，如图 5-16 所示。

（2）成因

① 催干剂或稀释剂使用不当。

② 喷涂黏度不合适。

③ 没有对修补漆进行微调。

④ 未严格按照配方混合。

⑤ 因喷涂技术不规范，使涂料遮盖不均。

⑥ 在调漆机上的色母搅拌不充分。

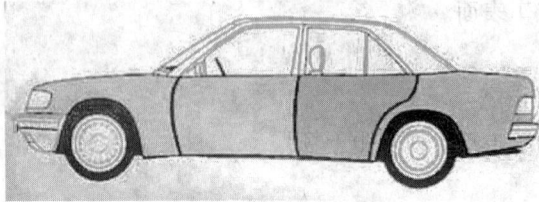

图 5-16　颜色差异

（3）预防

① 根据以下因素选择产品：工件大小、喷涂温度、空气流通速度、所需干燥速度。

② 采用推荐的混合比例，若有必要可用黏度杯测试。

③ 对于难调的颜色，应先喷样板，再与原车色对色，如有差异，微调来达到原色。

④ 如果加入某一色母过多，重新计算配方，或重新微调面漆。

⑤ 确保表面平滑，喷枪（搭接）良好。

⑥ 先搅拌色母 10～15 min，每次在换新色母时都要重复此步骤。

（4）补救

用 P800 或 P1000 砂纸打磨，并重新调色，如有必要，用样板与原车对色，将已做微调的颜色进行重喷。

12．聚银（起云、斑点）

（1）定义

喷涂时出现的毛病（缺陷），漆膜表面浑浊无光（银粉聚在一团），如图 5-17 所示。

图 5-17　聚银

（2）成因

铝片（银粉）离位、原因为：

① 不正确的喷涂黏度、喷涂方法、静止时间或喷漆房温度。

② 不正确喷枪嘴（口径），喷涂压力。

③ 不合适的稀释剂。

（3）预防

① 利用黏度杯和调漆尺准确的调整喷涂黏度。

② 喷涂时保持喷枪与喷涂表面平等。

③ 选用合适的喷枪和喷嘴（口径）。

④ 选用制造商推荐的稀释剂。

⑤ 依照制造商提供的技术资料所建议的施工方法进行。

（4）补救

在清漆干燥后加以打磨和重新喷涂。

13．聚脂填充料（原子灰）**成块脱落**

（1）定义

底材处理不当在聚脂材料（原子灰）上发生的剥落问题，如图 5-18 所示。

图 5-18　腻子脱落

（2）成因

① 底材没有恰当处理。

② 使用了不合适的聚脂填充料（原子灰）。

③ 不正确使用红外线烤漆器。

（3）预防

① 底材必须经过彻底清洁和打磨。使用聚ⅡS填充料（原子灰）前，须细心阅读技术资料。

② 使用合适底材的原子灰和底漆；

③ 进行红外线烤漆器烘干时需按照制造商的指示方法。

（4）补救

将有缺陷的油漆部分彻底打磨，然后用合适的材料修补。

注意：

在刮原子灰之前，建议用稀释剂清洗一下原车身油漆，如果脱色，一定要把原来的油漆脱掉，这样才有一个良好的底层。

14．水斑（雨斑-水印记）

（1）定义

水斑以环行出现，主要为白色斑点、印记，呈现于漆面上，如图 5-19 所示。

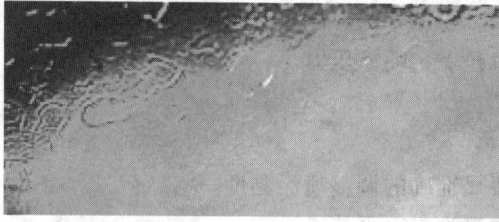

图 5-19　水斑

（2）成因

如果水滴（雨水或露水），是从空气中来的污染物（如尘埃、白尘或盐）一起干燥在油漆表面而没有立即清洁出现水斑、水印，一般情况下这些水印记并没有明显的损伤，只有在其边缘看来是轻微突起的，在没有彻底干燥、固化的新喷漆层上最易发生。

（3）预防

当重新修补时，要确保工作于施工喷前后的温度及干燥时间控制妥善，避免受潮湿空气影响，如果所施喷的部件受到潮湿空气影响，我们建议立即用柔软及干燥的软布擦拭干净。

（4）补救

通常可使用 P1200～1 500#水磨砂纸打磨受影响的区域，然后用高光泽抛光蜡抛光处理就足够了，如果效果不理想，必须将受影响的区域彻底干燥，然后用 P800#水磨砂纸打磨，再进行修补工序。

15．咬起/溶剂的侵蚀

（1）定义

喷涂时，底材部分溶解，咬起一般发生在新喷的面漆层与旧漆层之间的驳口处或经填补原子灰的中间漆上。

（2）成因

① 当需要进行修补时的旧漆面没有进行。

② 彻底打磨，包括裸铁、旧漆层、底漆层。

③ 选用油漆与底材不匹配。

④ 前涂层底材附着力不好。

⑤ 原底材尚为完全干透或硬化。

⑥ 漆喷涂过多、太厚，未能彻底干燥。

（3）预防

① 彻底打磨并清洁，在有问题的底材上进行溶剂实验。

② 必须对修补区的底材进行分析。

③ 为底材采用合适的中涂。

④ 采取正确的混合比例，正确喷涂技术。

⑤ 坚持采用合适的干燥时间和干燥温度。

⑥ 采用正确的喷涂技术，防止喷涂过后。

（4）补救

在一定程度上，咬起的油漆可在完全干燥后将其打磨至完好的漆层，然后重新喷涂，对于较敏感的底材，要小心喷涂，涂层要薄，每层之间就保持足够的挥发时间，如果涂层咬起严重，则必须完全去除，然后再进行喷涂。

16．气泡

（1）定义

涂层表面出现一些分散或集中的小隆起，这些水泡一般在面漆下的某一涂层中产生，如果小心地弄破一些隆起，会发现水泡产生在哪一层，水泡是由于涂料下面水流或污物产生的，该物质在汽车使用了一段时间后水流和污物促使汽车漆膜往上隆起，如图 5-20 所示。

（2）成因

① 油漆本身渗入了水。

② 压缩空气中含油水。

③ 刮原子灰时，灰刀涂刮方式不良。

④ 原子灰、中涂层喷后有细眼，而中间的水分没干。

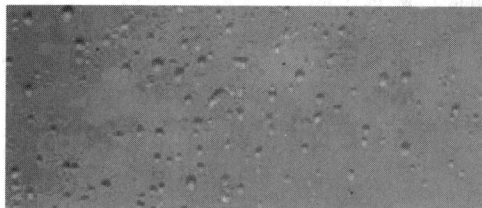

图 5-20 气泡

（3）预防

① 油漆在使用过程中切记不要进入水。

② 检查油水分离器，按时排水。

③ 使用良好刮涂技术，勿用刮刀与工作面成锐角进行工作，会造成材料在刀面下滚转而填入起泡。

④ 仔细填补细眼，彻底干燥。

（4）补救

除去含泡漆层，重新补灰喷涂。

17．渗色

（1）定义

原有面漆在修补或全部喷涂后出现局部渗色，喷涂面漆吸收了来自面漆或底漆的原料，如图 5-21 所示。

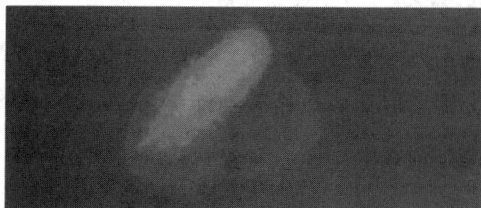

图 5-21 渗色

（2）成因

① 没有适当清洁。

② 未能适当封固旧漆中。

③ 中涂易被形渗色材料所污染。

④ 没喷底漆或没喷中涂，直接喷到原有面漆上，正好原面漆粉化。

（3）预防

① 彻底清洁所需要喷涂部位。

② 要用标准双组份中涂封固底层。

③ 中涂不能加入不同性质、颜色的材料、稀料、固化剂。

④ 喷涂前先用稀料擦拭底层看能否溶解。

（4）补救

有时渗色会有多层底漆或面漆喷涂后发生，此时需完全除去有毛病油漆，从底层重新喷涂，或用标准双组分中涂防渗封固以隔绝。

18. 失光（收缩——不良的流动性）

（1）定义

外涂层表面呈现不均匀，并有轻微纹理，表面的微观结构能导致光泽减低如图 5-22 所示。

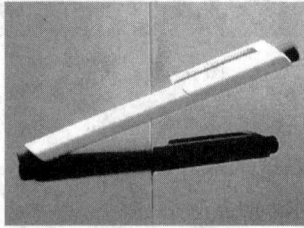

图 5-22 失光

（2）成因

① 在喷涂面漆前，底漆未完全干固，干燥时间太短或漆膜太厚。

② 使用底漆或填料时，未有使用良好（或不配对）的固化剂。

③ 面涂层所用的涂层太少（薄）。

④ 施喷面漆时涂层施喷太厚，涂层内存有许多尚未挥发的溶剂，当面漆层干固后，溶剂还继续挥发而引致面漆收缩出现失光现象。

（3）预防

为避免这种现象产生，我们应遵照制造商所推荐的漆膜厚度喷涂及涂层之间应有充分的干燥时间。

（4）补救

令全部油漆彻底干固，需要时应再烘烤令油漆完全干燥，用砂纸打磨表面，再重新喷涂面漆。

19. 干喷

（1）定义

喷涂后多余的油漆在新喷的表面上不再被吸收，干燥了的油漆粒子附于新漆膜，形成一个砂粒状粗糙的表面，如图 5-23 所示。

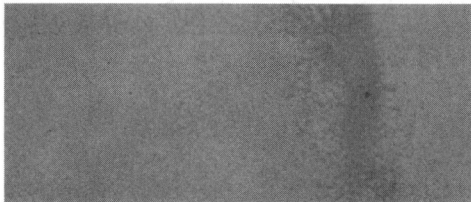

图 5-23　干喷

（2）成因

① 所用稀释剂干燥速度太快。

② 涂料稀释剂不够，使喷涂黏度过大。

③ 喷涂速度太快或喷涂距离太大。

④ 喷嘴尺寸太大。

⑤ 喷枪脏了或有损坏。

（3）预防

① 应根据周围环境温度、工件大小、空气流通速度来选择。

② 借助合适的比例尺得到正确的混合比例。

③ 调整喷涂技术。

④ 每天彻底清洗喷枪，并检查部件有无损坏。

（4）补救

在大多数情况下，进行抛光就可以了，在特殊情况下，需要进行轻度打磨并重喷。

20．剥落/附着力差

（1）定义

油漆耐附着力不牢，成块脱落有两种情形：首先是对底材的粘接问题（整个油漆结构），第二是涂层与涂层之间不适宜的粘接（涂层间粘接），如图 5-24 所示。

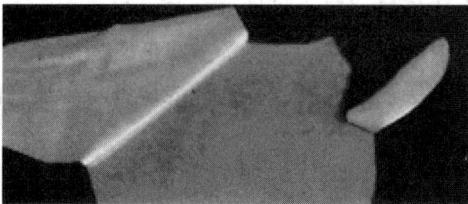

图 5-24　剥落

（2）成因

① 引起不良粘接问题的物质留在要喷涂的表面上（如硅酮、油、脂肪、蜡、锈、抛光残留物等）。

② 选用了不适当的底漆。

③ 底材打磨不充分或完全未进行打磨。

④ 喷涂底漆或面漆时干喷或喷涂面漆太薄。

⑤ 喷涂金属银粉漆时，涂层与涂层之间的相隔时间太短或油漆浓度太浓。

（3）预防

① 避免发生不良粘接力，在有问题的底材（如铝和塑料）上应使用正确的底漆，该底漆应有充分的漆膜厚度，应遵照制造商的指示。

② 避免喷涂时使用干喷法，特别是在厚涂层时，应要有充分的挥发时间。

（4）补救

打磨不良粘接力的部分，并重新喷涂面漆。

21．溶剂泡（痱子）

（1）定义

在刚刚干透的新涂层表面发现的一些小泡，如图5-25所示。

图5-25　溶剂泡

（2）成因

① 所用的稀释剂质量太差，稀释剂干燥速度太快。

② 涂层太厚且涂层之间间隔太短。

③ 没有给予挥发时间。

④ 喷涂后立即进行人工干燥。

⑤ 干燥温度太高。

⑥ 使用红外线干燥设备离车辆太近。

（3）预防

① 选用合适的稀释剂。

② 采用正确的喷涂技术，保证足够的挥发时间。

③ 在人工干燥之前，先让最后一层涂料挥发一段时间。

④ 定期检查烤房温度、温度调节器和开关等，降低干燥温度。

⑤ 在红外线干燥之前让涂层正常挥发，将红外线设备与车辆之间保持合适的距离。

（4）补救

打磨涂层，直至除去所有的溶剂泡痕迹，再重新喷涂。

22．小斑点（银粉漆）

（1）定义

漆膜上有一些小尘点凸出。

（2）成因

① 喷涂银粉漆时不够湿润，以至金属微粒不能沉入油漆中。

② 清漆层中不能遮盖这些坚硬的微粒。

（3）预防

① 按技术手册上的指示喷涂银粉漆。

② 在喷枪的喷涂表面之间保持正确距离（约20～25 cm）。

（4）补救

让清漆干燥后，用P800水磨砂纸轻轻打磨，再以除硅清洁剂清洁，然后重新喷涂清漆。

23．起泡、表面有些小圆点凸起

（1）定义

起泡能以不同的形状和尺寸，在不同的区域以不同的密度发生，起泡可以在漆层与漆层之间发生，也可以在整个油漆构造的基层发生，如图5-26所示。

图5-26 起泡

（2）成因

① 欲喷涂的表面（填料、裸露金属等）未进行充分的清洁，由于使用不洁净的水进行打磨，或手汗而导致水中可溶性盐的污染（擦拭印、象是清晰可见的气泡排列的"串珠"）或当涂面漆后，工件长时间存放于潮湿环境。

② 在使用底层和上层材料处理之前，在没有充分的水分挥发时间的情况下进行湿法打磨原子灰。

（3）预防

① 喷涂的表面，应彻底清洗或使用除硅清洁剂清洁，喷涂油漆时，要有充足的干燥时间。

② 用干磨方法打磨原子灰。

（4）补救

如果有起泡发生要将起泡部分的油漆除掉，重新喷涂底漆及面漆。

24．发白/起霜

（1）定义

新喷涂层出现发白（发白/起霜），自干型产品和双组分产品均可能出现这种现象。

（2）成因

① 使用了干燥很快的稀释剂。

② 潮湿或阴冷的工作环境。

③ 已喷好的面板周围的空气流通速度过快。

④ 已喷好的面板在投入使用前干燥不完全，冷凝物浸入涂层。

（3）预防

① 在潮湿天气下选用快干型稀释剂。

② 避免在湿冷环境下喷涂。

③ 定期检查烤房的空气流通速度。

④ 根据工件温度选择相应干燥时间。

（4）补救

如问题不很严重，对修补区抛光处理，若问题严重，通过打磨除去面漆并重喷。

参考文献

[1]　鲁宾逊 W A，李维斯．汽车车身修复[M]．鲁植雄，译．南京：江苏科学技术出版社，2006．

[2]　JAMES E，SCHARFF D R．汽车车身维修技术[M]．吴友生，译．北京：高等教育出版社，2006．

[3]　GRANDEL M．事故汽车修理评估[M]．北京：高等教育出版社，2004．

[4]　R 舒尔夫，R J 帕奎特．汽车车身表面修复[M]．北京：机械工业出版社，2009．

[5]　德可奇．汽车车身修理与漆面修复[M]．北京：北京理工大学出版社，2011．

[6]　陈纪民．汽车涂装技术[M]．北京：人民交通出版社，2009．